Hebraico instrumental: uma introdução ao hebraico bíblico

SÉRIE CONHECIMENTOS EM TEOLOGIA

intersaberes

Reginaldo Pereira de Moraes

2ª edição

Hebraico instrumental: uma introdução ao hebraico bíblico

Rua Clara Vendramin, 58 . Mossunguê
CEP 81200-170 . Curitiba . PR . Brasil
Fone: (41) 2106-4170
www.intersaberes.com
editora@intersaberes.com

Editora-chefe
Lindsay Azambuja

Gerente editorial
Ariadne Nunes Wenger

Assistente editorial
Daniela Viroli Pereira Pinto

Edição de texto
Natasha Saboredo

Capa
Charles L. da Silva (*design*)
oatawa, schiva e nani888/
Shutterstock (imagens de fundo)

Projeto gráfico
Charles L. da Silva

Diagramação
Andreia Rasmussen

Iconografia
Maria Elisa de Carvalho Sonda
Regina Claudia Cruz Prestes

Dados Internacionais de Catalogação na Publicação (CIP)
(Câmara Brasileira do Livro, SP, Brasil)

Moraes, Reginaldo Pereira de
Hebraico instrumental : uma introdução ao hebraico bíblico / Reginaldo Pereira de Moraes. -- 2. ed. -- Curitiba, PR : InterSaberes, 2024. -- (Série conhecimentos em teologia)

Bibliografia.
ISBN 978-85-227-1358-5

1. Bíblia. A. T. – Introduções 2. Hebraico – Estudo e ensino 3. Hebraico – Gramática 4. Teologia I. Título. II. Série.

24-215023 CDD-492.45

Índices para catálogo sistemático :
1. Gramática : Hebraico : Linguística 492.45
2. Hebraico : Gramática : Linguística 492.45

Cibele Maria Dias – Bibliotecária – CRB-8/9427

1ª edição, 2017.
2ª edição, 2024.
Foi feito o depósito legal.

Informamos que é de inteira responsabilidade do autor a emissão de conceitos.

sumário

apresentação

Diante do crescente número de obras de teologia e, ainda, de versões bíblicas surgidas nas últimas décadas, também tem aumentado a quantidade de material com pouca profundidade ou que deixa a desejar na verdadeira arte da interpretação da palavra de nosso Senhor. Assim, faz-se necessário termos cursos de Teologia que deem oportunidades aos alunos de conhecer, ao menos, as orientações básicas das línguas bíblicas.

Dessa forma, visamos nesta obra ao estudo panorâmico da língua hebraica, procurando evidenciar sua importância seu significado para uma correta compreensão do texto sagrado. Como alvo principal, focamos o estudante de teologia, mas nada impede que líderes eclesiásticos ou membros de igrejas possam se debruçar nos ensinos deste livro.

Embora não seja uma obra inovadora nem completa, o que fugiria de nossos propósitos iniciais, acreditamos que a forma pela qual a função e o uso dos verbos foram explicados têm aplicabilidade prática, o que iria além das obras existentes. Nesse sentido, este livro é organizado desde os assuntos mais interessantes e necessários, em uma caminhada rumo ao seu conteúdo total.

Nos Capítulos 1 e 2, bastante práticos, você poderá conhecer informações relacionadas à língua hebraica, sua história e peculiaridades. Além disso, principalmente poderá aprender o alfabeto hebraico, a formação dos termos e o posicionamento das palavras em suas frases.

No Capítulo 3, trabalharemos o uso dos artigos e também uma conjunção muito utilizada nos textos hebraicos – comumente traduzida pelo "*e*" em português –, a forma e a função das preposições, bem como uma maneira especial de se trabalhar a ideia da inserção lexical, nada comum em nosso português, mas de vital importância na língua hebraica.

Depois disso, nos Capítulos 4 e 5, concentraremos esforços explicando e exemplificando a forma como o texto bíblico usa os substantivos, os quais, diferentemente do português, não conta com uma terminação tão clara para o masculino. Trabalharemos ainda o uso dos adjetivos, numerais e pronomes, deixando os verbos para o fim. Como em todo e qualquer idioma, o uso dos verbos exige certos cuidados e atenção. Todavia, acreditamos que conseguimos explicar de maneira que você possa entender bem o seu funcionamento, que é o que realmente importa no momento de uma tradução.

Diante do exposto, entendemos ser possível ter ao menos um contato inicial com a fascinante língua bíblica, o hebraico. Afinal, nada melhor do que ler o texto que nosso Deus preparou para nós a partir de manuscritos mais próximos da época em que foram escritos.

Seja bem-vindo a esta viagem e tenha ótimos estudos.

capítulo um

Breve histórico da língua hebraica e suas consoantes[1]

1 Todas as citações a livros bíblicos em português, neste capítulo, se referem a Bíblia (2014), quando não especificada outra versão.

01

A **língua hebraica** é bastante interessante, seja por seu vínculo histórico, fazendo parte da cultura hebraica e suas complexidades, seja por suas peculiaridades, como a escrita da direita para esquerda ou sua forma quase matemática. Outros detalhes interessantes são que algumas de suas palavras e raízes têm uma relação muito singular com os **números** e seus **significados** e, ainda, o fato de ser um **idioma consonantal**, que não depende muito das vogais.

A língua hebraica faz parte do grupo linguístico chamado *semita*, pois há um consenso de que os povos desse grupo descenderam de Sem, filho de Noé. Fazem parte do grupo semita as seguintes línguas: "Grupo nordeste (norte-oriental): acádico, assírio e babilônico. Grupo noroeste (norte-ocidental): hebraico, hebraico samaritano, aramaico, siríaco, ugarítico, fenício, canaanita, moabita, edomita, púnico e nabateu. Grupo meridional: árabe, etíope, sabeu e mineu" (Francisco, 2009, p. 1).

De todos esses idiomas, apenas o acádico e o etíope são escritos como o português – da esquerda para a direita. E várias dessas línguas são consideradas *mortas*, porque não são mais faladas hoje em dia.

Num primeiro momento, faremos um breve panorama histórico sobre o desenvolvimento da língua hebraica, para depois gastarmos energia em conhecer seu *alefbet* (alfabeto hebraico), quando então aprenderemos o nome de cada letra e sua forma, com o intuito de facilitar nossa leitura. Não se assuste: no início, parece um tanto diferente, mas com o tempo e a dedicação necessária conseguiremos trilhar esse lindo caminho histórico.

1.1 História da língua hebraica

Bem no início de sua história, a língua hebraica era composta apenas por consoantes, escritas da direita para a esquerda (←), ao contrário do que estamos acostumados em português, e sem espaçamento entre as palavras. Era algo mais ou menos assim (Bíblia. Gênesis, 1996, 1: 1-4, citado por Elliger; Rudolph, 1996)[2]:

בראשיתבראאלהיםאתהשמיםאתהארץוהארץהיתהתהוובה
ווחשךעלפניתהוםורוחאלהיםמרחפתעלפניהמיםויאמראלהי
םיהיאור ויהיאורויראאלהיםאתהאורכיטובויבדלאלהיםביןה
אורוביןהחשך[3]

2 Neste livro, todos os exemplos e citações que contêm caracteres do alfabeto hebraico foram extraídos ou adaptados pelo autor, com base no texto disponível na *Bíblia hebraica stuttgartensia* (Elliger; Rudolph, 1996).

3 Lembre-se: a leitura é sempre da direita para a esquerda.

Ouvimos, certa vez, que a escrita da direita para a esquerda, muito comum na Antiguidade, era feita desse modo porque era mais simples limpar a tábua de barro sobre a qual se escreviam os primeiros documentos. Quando se riscava a peça a ser escrita, seria mais simples usar a mesma mão direita para retirar os resíduos que ficavam. Não podemos saber se apenas isso serviria de explicação, porém parece, ao menos, razoável.

Quando nos referimos ao hebraico, há autores que fazem uma diferenciação entre o *hebraico bíblico* e o *hebraico moderno*, enquanto outros dizem que é tudo a mesma coisa e que não se pode fazer qualquer distinção. Porém, usando ou não nomenclaturas para distinguir essas fases da língua, não há como negar que, como ocorre a toda e qualquer língua, há um processo natural de evolução ou transformações. Por essa razão há algumas diferenças bem marcantes entre o hebraico utilizado para escrever os **livros canônicos** e o hebraico usado **hoje em dia**, para a comunicação entre os israelenses.

Quanto ao tempo verbal, hoje existe uma forma para designar o tempo presente, enquanto no período bíblico não existia nenhuma preocupação com passado, presente e futuro, pois a ênfase era outra (como será visto neste livro a seguir, no capítulo referente aos verbos). Quanto à ortografia, para poder expressar o nosso som do *j* – que não existe originalmente no vocabulário hebraico mais antigo –, hoje em dia é usado um apóstrofo na letra *guímel* (o nosso *g*) para mostrar que a pronúncia terá que ser *ge* e *gi*, e não *gue* e *gui*, como geralmente é falado. No campo semântico também houve modificações: o vocábulo *davar*, o qual, no texto bíblico, tem significado de *palavra*, hoje em dia apresenta como principal tradução a palavra *coisa*, sem mencionar a grande quantidade de termos que precisaram ser criados para fazer referência a tantas coisas que temos hoje e que não existiam no tempo bíblico.

Para Francisco Sáenz-Badillos (1996, citado por Francisco, 2009, p. 2-3), os períodos históricos da língua hebraica se dividem da seguinte forma:

- Hebraico arcaico: séc. XIII ao séc. X a.C.
- Hebraico pré-exílico ou hebraico clássico: séc. X ao séc. VI a.C.
- Hebraico pós-exílico ou hebraico tardio: séc. VI a.C. ao séc. II a.C.
- Hebraico de Hirbet Qumran: II a.C. ao séc. II d.C.
- Hebraico rabínico, hebraico talmúdico, ou ainda neo-hebraico: séc. II ao séc. X d.C.
- Hebraico medieval: séc. X ao séc. XV.
- Hebraico moderno ou hebraico israelense: séc. XVI ao séc. XXI.

Outra peculiaridade muito significativa é a quantidade de vocábulos encontrados no texto bíblico e sua construção gramatical. Nas palavras de Champlin e Bentes (1995, p. 42), "a sintaxe do hebraico é extremamente simples. Caracteriza-se por uma maneira de expressão não abstrata, concisa e incisiva, épica e lírica. O hebraico usado no Antigo Testamento envolve um pequeno vocabulário, pobre em adjetivos descritivos e em substantivos abstratos".

Francisco (2009) afirma que o hebraico é uma ramificação da língua canaanita. Após a instalação na terra prometida, Canaã, o povo que provavelmente era de fala aramaica (ou algo parecido), em contato com os cananeus, criaram sua própria língua, o **hebraico**. Este era, inicialmente, denominado *língua de Canaã* (Isaías, 19: 18) ou *língua judaica* (Isaías, 36: 11-13; II Reis, 18: 26-28; Neemias, 13: 24). Somente com a dominação grega sobre o território cananeu e israelita, entre os séculos IV a II a.C., é que foi utilizado o termo *língua hebraica* (Francisco, 2009, p. 3-4).

Vale salientarmos, ainda, conforme destaca Millard (2012, p. 14-15), quando Israel tomou posse da região de Canaã, o alfabeto já estava sendo utilizado largamente na região. Isso foi bastante significativo, pois tornou muito mais prático o registro escrito do que o código usado no Egito, em escrita hieroglífica, dominado apenas por sacerdotes e escribas, e também que o da Babilônia, onde se utilizavam os sinais cuneiformes em barro.

1.2 O alfabeto hebraico (*alefbet*)

Embora a escrita hebraica apresente, na atualidade, alguns sinais para ajudar a ler as vogais (o que demonstraremos no Capítulo 2), oficialmente o vocabulário hebraico é composto apenas por consoantes, 22 no total. Algumas delas sofrem pequenas alterações; todavia, continuam sendo consideradas as mesmas consoantes. Outro detalhe a ser levado em consideração é o fato de que cada consoante equivale a um número. Em hebraico, existem os números escritos por extenso, mas quando se pretende expressar o número de algo – por exemplo, o do Salmo 23 –, são utilizadas as consoantes representativas dos números, como para 20 (כ) e 3 (ג), algo parecido com o uso que fazemos hoje do numeral romano. A numeração do salmo fica assim: כג ← (primeiramente lemos o *vinte*, à direita, e, depois, o *três*, à esquerda).

Confira, a seguir, um quadro com as **consoantes**, seus **nomes**, **representações numéricas** e **correspondentes** ao português.

Quadro 1.1 – Consoantes hebraicas e suas equivalências

Observações	**Equivalente numérico**	**Equivalente em português**	**Nome**	**Letras**[4]	**Letras**[5]
Não é a vogal *a*. Nós, falantes de português, não conseguimos pronunciar a letra *e*, por isso, usamos a aspa simples para lembrá-la.	1	'	*'álef*	א	א
	2	b	*bête*	בּ	בּ
No texto bíblico, nunca tem som de *j*.	3	g	*guímel*	ג	ג
	4	d	*dálet*	ד	ד
Como última letra nunca tem som. Em outras ocasiões, tem som de *r* aspirado (como, por exemplo, em *hall*).	5	h	*hei*	ה	ה
Lê-se "*váve*". É o *w* com som de *v*.	6	w	*waw*	ו	ו
	7	z	*záin*	ז	ז
É como o *h* de *hotel*, em inglês. Sempre terá o som de um *r* raspando a garganta.	8	h	*hête*	ח	ח
É o mesmo som do *t* do *táu*. Há gramáticas que usam um ponto abaixo deste *t*, para diferenciá-los.	9	t	*tetê*	ט	ט

(continua)

4 As letras mais elaboradas, apresentadas nesta coluna, são do jeito que aparecerá impresso.

5 As letras com menos curvas, escritas nesta coluna, são uma sugestão de como o estudante poderá escrevê-las.

(Quadro 1.1 – conclusão)

Observações	Equivalente numérico	Equivalente em português	Nome	Letras	Letras
É o *y*, sempre com som de *i*.	10	y	*yúde*	י	י
	20	k	*káfe*	כ	כ
Nunca tem som de *u*, como na palavra *mel*. Apenas som de *l*.	30	l	*lâmede*	ל	ל
	40	m	*mem*	מ	מ
	50	n	*nún*	נ	נ
Sempre com o som de *ss*, nunca com som de *z*.	60	s	*sâmer*	ס	ס
É semelhante ao *'álef*, que não tem som. Usamos outro sinal de aspiração, só para sabermos qual letra é. São aspas diferentes.	70	'	*'áin*	ע	ע
	80	p	*pê*	פ	פ
	90	ts	*tsadê*	צ	צ
q + a = ca; *q + e = que* (de *queijo*).	100	q	*qufe*	ק	ק
Na grande maioria das vezes, tem som de *rr*. Não se preocupe, agora, com a minoria dessas ocorrências.	200	r	*rêsh*	ר	ר
Sh com som de *x*, como em *xícara*.	300	sh	*shin*	שׁ	שׁ
	400	t	*táu*	ת	ת

Observações importantes

1. Ao decorar o nome das letras, você já estará decorando sua correspondente em português, pois o nome de cada letra inicia com a(s) letra(s) correspondente(s). Cuidado apenas para as letras *'álef* e *'áin*; pois elas iniciam com suas correspondentes ' e ', respectivamente, e não com a letra *a*, como ficaria na pronúncia.
2. Não é importante decorar, para este momento, o valor numérico das letras. Basta saber que existe tal relação e como ela funciona.
3. Quanto maior domínio você tiver do *alefbet* (alfabeto), mais rápido você conseguirá ler e, consequentemente, estará se aprimorando no idioma.
4. No início, você pode escrever ao lado ou abaixo de cada consoante a sua correspondente em português. Mas só no começo: tente se libertar disso o quanto antes. O ideal é bater o olhar sobre a letra e saber de qual se trata.
5. Procure estar ciente da diferença entre os termos *transliteração* e *tradução*. **Transliteração** é a escrita, em português, da maneira como se fala a palavra. Já a **tradução** é o significado em português da palavra estrangeira. Como exemplo, vamos usar uma palavra em inglês: *apple*. A transliteração da palavra (a maneira como se lê) seria: *é-pôu*. Já a tradução (seu significado) é *maçã*. Em hebraico, a palavra כָּל lê-se *kol* (a transliteração), mas seu significado (tradução) é *todo*, *toda*, *todos* ou *todas*.

Algumas exceções são dadas aos nomes próprios porque, muitas vezes, eles são *transcritos* – e não *traduzidos*. Por exemplo, דָּוִד lê-se *Dawid* (a transliteração exata); é o nome do rei Davi (seria uma transliteração aportuguesada, já arraigada em nossa língua). Já o significado do nome *Davi* (a tradução) é *querido* ou *amado*. Outro nome é מֹשֶׁה – lê-se *Moshé* (transliteração exata). É o nome de Moisés (seria uma transliteração aportuguesada), mas o significado é "retirado das águas" (tradução).

1.3 Aprendizagem do alfabeto hebraico

Nesta seção, proporemos alguns **exercícios de aprendizagem** iniciais sobre o alfabeto hebraico, em duas etapas. Primeiramente, faremos esforços para aprender as 11 primeiras consoantes e, só depois de nos termos familiarizado com elas, partiremos para as últimas 11.

1.3.1 As primeiras 11 consoantes

Preencha o quadro a seguir, copiando nos espaços em branco as consoantes hebraicas. Uma dica importante: a cada cópia, procure imaginar o nome da letra e sua correspondente em português. Nesta fase inicial, se quiser, você poderá escrever bem pequenininho as correspondentes em português. Porém, quanto antes você se libertar desse mecanismo mnemônico, melhor será.

Quadro 1.2 – Memorizar as 11 primeiras consoantes hebraicas

										Letras[6]	**Letras[7]**	**Nome**
										א	א	*'álef*
										בּ	ב	***bête***
										ג	ג	*guímel*
										ד	ד	*dálet*
										ה	ה	***hei***[8]
										ו	ו	*waw*
										ז	ז	*záin*
										ח	ח	***hête***
										ט	ט	***tetê***[9]
										י	י	*yúde*
										כּ	כ	***káfe***

Repita esse exercício o quanto achar necessário, até que as letras e seus respectivos nomes estejam bem gravados em sua mente. A seguir, apresentamos outros exercícios para facilitar sua memorização.

6 As letras mais elaboradas, apresentadas nesta coluna, são do jeito que aparecerá impresso. Estão aqui só para você ir se acostumando com elas, não precisa ser copiada seguindo cada pequena curva. Deve-se copiar as letras mais quadráticas da coluna ao lado.

7 As letras com menos curvas, escritas nesta coluna, são uma sugestão de como você poderá escrevê-las.

8 Em geral, as gramáticas usam um ponto abaixo desta letra, para distingui-la de outra, o *hête*. Aqui não faremos questão desse rigor. Usaremos um *h* minúsculo, apenas para ajudá-lo neste processo de memorização e distinção das consoantes.

9 À semelhança do *hei* e do *hêt*, esta letra também leva um ponto, para diferenciá-la do *táu*.

Copie, agora, este outro quadro que segue. Porém, desta vez, na horizontal, para que você consiga perceber o posicionamento das letras ao longo da linha.

Quadro 1.3 – Trabalhar as 11 primeiras consoantes na horizontal

כ	י	ט	ח	ז	ו	ה	ד	ג	ב	א

Como podemos observar, nesse primeiro grupo apenas o *yúde* (י) destoa das demais, não tocando na linha. Agora, para exercitar a memorização e a escrita das primeiras 11 consoantes hebraicas, preencha os dados que estiverem faltando nos quadros a seguir.

1. Atividades de aprendizagem

Preencha os dados faltantes nestes quadros (as 11 primeiras consoantes).

Exercício 1: cubra o quadro ao lado, para evitar olhar.		
'		*'álef*
	ב	*bête*
g		*guímel*
d	ד	
	ה	*hei*
w		*waw*
z	ז	*záin*

Exercício 2: cubra o quadro ao lado, para evitar olhar.		
	א	
b		*bête*
	ג	
d		*dálet*
h	ה	
		waw
z	ז	

Exercício 1: cubra o quadro ao lado, para evitar olhar.		
h		***hête***
	ט	***tetê***
y	י	
k		***káfe***

Exercício 2: cubra o quadro ao lado, para evitar olhar.		
h		***hête***
t	ט	***tetê***
		yúde
k	כ	

O objetivo destes exercícios é que você continue se exercitando. Quanto mais se esforçar, mais rápido aprenderá as letras A seguir, há mais duas colunas para ajudá-lo. Continue praticando. Lembre-se: evite sempre olhar o quadro que já estiver pronto.

Se precisar, volte ao quadro inicial e faça várias cópias das letras hebraicas, repetindo os nomes das letras e suas correspondentes em português.

Exercício 3: cubra o quadro ao lado, para evitar olhar.		
	א	***'álef***
	ב	***bête***
	ג	***guímel***
	ד	***dálet***
	ה	***hei***
	ו	***waw***
	ז	***záin***
	ח	***hête***
	ט	***tetê***
	י	***yúde***
	כ	***káfe***

Exercício 4: cubra o quadro ao lado, para evitar olhar.		
'	א	
b	ב	
g	ג	
d	ד	
h	ה	
w	ו	
z	ז	
h	ח	
t	ט	
y	י	
k	כ	

		Exercício 5: cubra o quadro ao lado, para evitar olhar.
		'álef
		bête
		guímel
		dálet
		hei
		waw
		záin
		hête
		tetê
		yúde
		káfe

Exercício 6: cubra o quadro ao lado, para evitar olhar.		
'		
b		
g		
d		
h		
w		
z		
h		
t		
y		
k		

Se você conseguiu preencher o Exercício 6 sem ajuda, parabéns. Se teve alguma dificuldade em qualquer letra, você deve se concentrar um pouco mais nela. Só avance para o passo seguinte se você já tiver decorado essas 11 primeiras consoantes. Caso contrário, volte e exercite-se um pouco mais.

1.3.2 As últimas 11 consoantes

Da mesma forma como procedemos anteriormente, o convidamos a preencher o quadro a seguir, copiando nos espaços em branco as consoantes hebraicas. Uma dica importante: a cada vez que copiar, procure mentalizar o nome da letra e o som correspondente em português.

Quadro 1.4 – Memorizar as últimas 11 consoantes hebraicas

											Letras[10]	Letras[11]	Nome
											ל	ל	*lâmede*
											מ	מ	*mem*
											נ	נ	*nún*
											ס	ס	*sâmer*
											ע	ע	*'áin*
											פ	פ	*pê*
											צ	צ	*tsadê*
											ק	ק	*qufe*
											ר	ר	*rêsh*
											שׁ	שׁ	*shin*
											ת	ת	*táu*

Repita esse exercício o quanto achar necessário, até que as letras e seus respectivos nomes estejam bem gravados em sua mente. A seguir, veja outros exercícios para facilitar sua memorização.

Observe o próximo quadro, para perceber o posicionamento delas na linha:

Quadro 1.5 – Trabalhar as últimas 11 consoantes hebraicas na horizontal

ת	שׁ	ר	ק	צ	פ	ע	ס	נ	מ	ל

10 As letras mais elaboradas, apresentadas nesta coluna, são do jeito que aparecerá impresso. Estão aqui só para você ir se acostumando com elas, não precisa ser copiada.

11 As letras com menos curvas, escritas nesta coluna, são uma sugestão de como você poderá escrevê-las.

Agora, para ajudar na memorização das últimas 11 consoantes do *alefbet* hebraico, vamos preencher os dados que faltam no quadro a seguir.

2. Atividades de aprendizagem

Preencha os dados faltantes nestes quadros (sobre as últimas 11 consoantes).

Exercício 1: cubra o quadro ao lado, para evitar olhar.		
	ל	*lâmede*
m		*mem*
n	נ	
s		*sâmer*
ʻ	ע	
	פ	*pê*
	צ	*tsadê*
q		*qufe*
r	ר	
	שׁ	*shin*
t	ת	

Exercício 2: cubra o quadro ao lado, para evitar olhar.		
		lâmede
m	מ	
		nún
s	ס	
ʻ		*ʻáin*
p		*pê*
ts		*tsadê*
q		*qufe*
	ר	*rêsh*
sh	שׁ	
t		*táu*

Os exercícios devem ser contínuos, sem parar por tempo demais, para decorar as letras e seus valores. Quanto mais você se esforçar, mais rápido você aprenderá as letras e muito mais tranquilo será o desenrolar deste longo estudo.

A seguir, preparamos mais duas colunas para ajudá-lo. Continue praticando. Lembre-se: evite sempre olhar o que já está pronto.

Exercício 3: cubra o quadro ao lado, para evitar olhar.		
	ל	***l**âmede*
	מ	***m**em*
	נ	***n**ún*
	ס	***s**âmer*
	ע	*'áin*
	פ	***p**ê*
	צ	***ts**adê*
	ק	***q**ufe*
	ר	***r**êsh*
	שׁ	***sh**in*
	ת	***t**áu*

Exercício 4: cubra o quadro ao lado, para evitar olhar.		
l	ל	
m	מ	
n	נ	
s	ס	
ʻ	ע	
p	פ	
ts	צ	
q	ק	
r	ר	
sh	שׁ	
t	ת	

Exercício 5: cubra o quadro ao lado, para evitar olhar.		
		***l**âmede*
		***m**em*
		***n**ún*
		***s**âmer*
		'áin
		***p**ê*
		***ts**adê*
		***q**ufe*
		***r**êsh*
		***sh**in*
		***t**áu*

Exercício 6: cubra o quadro ao lado, para evitar olhar.		
l		
m		
n		
s		
ʻ		
p		
ts		
q		
r		
sh		
t		

Se você conseguiu preencher o Exercício 6 sem qualquer ajuda, parabéns! Se alguma dificuldade em qualquer letra, tente se concentrar um pouco mais nela. Só avance para o passo seguinte se você já tiver decorado todas as 22 consoantes. Caso contrário, volte e exercite-se um pouco mais. Feito isso, preencha novamente o quadro a seguir, para relembrar todas as consoantes hebraicas e suas correspondentes em português.

Para deixar os exercícios mais eficazes, uma vez ou outra cubra os nomes das letras ou o seu formato. Outra dica muito importante: ao copiar ou escrever cada letra, sempre mentalize o nome e a correspondente em português. Parece um conselho bem simples, mas é muito útil.

Quadro 1.6 – Relembrar as 22 consoantes hebraicas

											Letras[12]	Letras[13]	Nome
											א	א	*'álef*
											בּ	ב	*bête*
											ג	ג	*guímel*
											ד	ד	*dálet*
											ה	ה	*hei*
											ו	ו	*waw*
											ז	ז	*záin*
											ח	ח	*hête*

(continua)

12 As letras mais elaboradas, apresentadas nesta coluna, são do jeito que aparecerá impresso. Estão aqui só para você ir se acostumando com elas, não precisam ser copiadas, seguindo cada curva. Você deve copiar as letras mais quadráticas da coluna ao lado.

13 As letras com menos curvas, escritas nesta coluna, são uma sugestão de como você poderá escrevê-las.

(Quadro 1.6 – conclusão)

										Letras	Letras	Nome
										ט	ט	*tetê*
										י	י	*yúde*
										כ	כ	*káfe*
										ל	ל	*lâmede*
										מ	מ	*mem*
										נ	נ	*nún*
										ס	ס	*sâmer*
										ע	ע	*'áin*
										פ	פ	*pê*
										צ	צ	*tsadê*
										ק	ק	*qufe*
										ר	ר	*rêsh*
										שׁ	שׁ	*shin*
										ת	ת	*táu*

1.4 As consoantes que aparecem em mais de uma forma

Uma peculiaridade que o hebraico apresenta é o fato de algumas de suas 22 consoantes sofrerem variações na escrita. Elas não são novas consoantes, pois equivalem às mesmas letras, em geral aos mesmos sons e aos mesmos valores numéricos. O que ocorre, às vezes, é a mudança no nome ou na transliteração daquela consoante para outras línguas. As consoantes que sofrem alterações na escrita são sete, no total.

No quadro a seguir, na primeira linha colocamos as consoantes como aparecem impressas nos livros. Já na segunda linha, é como elas devem ser escritas à mão. Neste quadro, elas aparecem na forma natural, como você já as conhece.

Quadro 1.7 – Relembrando o formato original das sete consoantes hebraicas que sofrem alteração

שׁ	צ	פּ	נ	מ	כּ	בּ
שׁ	צ	פּ	נ	מ	כּ	בּ
shin	*tsadê*	*pê*	*nún*	*mem*	*káfe*	*bête*
sh	*ts*	*p*	*n*	*m*	*k*	*b*

Quando elas sofrem as modificações, devem ser registradas como mostrado no Quadro 1.8.

Quadro 1.8 – Trabalhando a diferença nas sete consoantes hebraicas que sofrem alteração

שׂ	ץ	ף ou פ		ן	ם	ך ou כ		ב
שׂ	ץ	ף ou פ		ן	ם	ך ou כ		ב
s*in*	***ts****adê* final	***f****ê* final	***f****ê*	***n****ún*	***mem***	***kh****af* final	***kh****af*	***v****êt*
s	*ts*	*f*	*f*	*n*	*m*	*kh*	*kh*	*v*

Algumas explicações importantes

1. O ***bête*** (בּ), quando aparece sem o ponto (ב), deve ser lido como ***vêt*** e sua correspondente em português será a letra *v*. Por exemplo, a palavra בָּרָא é o verbo *criar*, lê-se *bara'*, enquanto יוּבָל é um nome próprio, lê-se *Yuval* (a Bíblia na versão *Almeida Século 21* transliterou, de forma aportuguesada, como *Jubal*, em Gênesis, 4: 21).
2. O ***káfe*** (כּ), quando aparece sem o ponto (כ), é chamado de *khaf* (o som é levemente parecido com um *r*, como, por exemplo, na palavra *hotel*, em inglês), e sua correspondente na transliteração é *kh*. Todavia, pode ser que ela apareça como a última consoante da palavra; quando isso ocorrer, então ela é chamada de *khaf final* (ך). A pronúncia é a mesma do *káfe*, só muda a forma escrita. Por exemplo, כָּל é um advérbio (é lido como *kol* e significa *todo*, *todos*, *toda* ou *todas*, quando usados como advérbio) e dependendo da construção na frase ele pode aparecer escrito כָל – palavra que continua sendo o mesmo advérbio e com o mesmo significado, no entanto muda-se a pronúncia na leitura (lê-se *khol*, como se fosse "*rhol*"). Quando o *khaf* for a última letra da palavra, também sofrerá alteração na escrita. Por exemplo, a palavra מֶלֶךְ (lê-se *mélekh* e significa *rei*). Usando a mesma raiz, podemos escrever *rainha*: מַלְכָּה, porém, como o *khaf* não é mais a última letra da palavra, ela volta a ser escrita da forma normal (כּ), ficando *malkah*.

3. O *mem* (מ), enquanto estiver no início ou no meio da palavra, sempre tem a forma escrita normal. Porém, quando for a última letra da palavra, aparece escrito de forma bem diferente (ם). Por exemplo, nas palavras *rei* e *rainha*, mostradas anteriormente, ele aparece escrito na forma normal. Entretanto, na palavra *água* (מַיִם – lê-se *maym*), ele aparece nas duas formas. Note que a palavra inicia e termina com o *mem*; o primeiro é o *normal* e o outro é o *mem final*. Na leitura e na transliteração não há qualquer diferença. A única diferença é na escrita em hebraico.
4. O uso do *nún* é similar ao do *mem*. Em qualquer lugar que o *nún* aparecer, da primeira à penúltima letra da palavra, ela sempre aparecerá na forma normal (נ). Porém, se for a última letra da palavra, aparecerá de forma modificada (ן). Por exemplo, בְּנֵי (lê-se *veney* e significa *filhos de*) e בֵּן (lê-se *ben* e significa *filho*): perceba que a única diferença entre elas é que, quando o *nún* está ao final da palavra, ele é comprido, parecido com um *waw*.
5. A letra *pê* (פּ) já tem seu uso mais parecido com o *káfe*. Na palavra, ele pode ter duas formas (uma com ponto e a outra sem) e, quando aparecer ao final da palavra, apresenta uma terceira variação. Por exemplo, עַל־פְּנֵי é lido como *'al-fney* e significa *sobre a face de*; לְפָנַי é lido como *lefanay* e significa *diante de mim*, enquanto a palavra עוֹף é lida como *'of* e significa *animais que voam*. Quando for a última letra, ela nunca terá o som da letra *p*, será somente *fei* final, equivalendo ao *ph*.
6. A letra *tsadê* (צ) só aparece de maneira diferente quando for a **última** letra da palavra e fica escrita assim: ץ (lê-se igualmente um *ts*, mas se chama tsadê *final*). Por exemplo, צְבָאוֹת (lê-se *tseva'ot* e significa *exército*) e אֶרֶץ (lê-se *'erets* e significa *terra*).

7. A última letra desse grupo é *shin* (שׁ). Quando ela for sinalizada com o ponto do lado contrário, será chamada de *sin* (שׂ). Ela pode aparecer em qualquer lugar na palavra. O que determina quem é quem é a posição do ponto. À direita (שׁ) é ***shin***, como em שָׁלוֹם (lê-se *shalom* e significa *paz, completude*). Quando o ponto aparecer à esquerda (שׂ) é ***sin***, como em יִשְׂרָאֵל (lê-se *Ysrael*, é um nome próprio e significa "aquele que luta com Deus").
8. Nessas letras que sofrem alteração, podemos observar que a diferença entre as letras *bête, káfe, pê* e *shin*, e suas modificadas, é somente um ponto. Sem o ponto elas passam a se chamar, respectivamente, *vêt, khaf, fei* e *sin*. Isso acontece porque esse ponto indica que a palavra seria escrita com duas letras sobrepostas. Assim, algumas gramáticas sugerem a transliteração com duplicidade. Por exemplo, a palavra בֵּן (*ben*) deveria ser transliterada como *Bben*. Porém, não usaremos esse critério neste livro, pois adotamos as formas mencionadas: *b* ou *v*, *k* ou *kh*, *p* ou *f* e *sh* ou *s*. Além delas, há outras letras que podem ter o mesmo ponto, mas sem qualquer alteração na pronúncia ou no significado. Por isso, iremos transliterá-las como se fossem uma simples consoante. Por exemplo, tanto o מּ quanto o מ serão ambos transliterados como *m*. Isso também serve para todas as demais letras que aparecerem com um ponto no meio. Eis alguns exemplos:

סּ	זּ	תּ	קּ	טּ	שּׁ	לּ	יּ	נּ	דּ	הּ	גּ	צּ
s	z	t	q	s	sh	l	y	n	d	h	g	ts

3. Atividade de aprendizagem

Copie as palavras a seguir. Na primeira linha, você deve copiar o texto em hebraico e, na segunda, deve colocar a transliteração (as letras correspondentes aos sons do hebraico em português). Aqui nós retiramos as vogais, para você exercitar o que foi aprendido até aqui.

Palavra hebraica sem vogais	Lembre-se de que a escrita e a leitura do hebraico é da direita para a esquerda. ⟸			
	וחשך	ובּין	הארץ	המים
Copiar aqui				
Transliteração				*hmym*
	Já a transliteração deve ser da esquerda para a direita. ⟹			
Palavra hebraica sem vogais	כּיטוב	מתּחת	ויהּיכן	צבּאות
Copiar aqui				
Transliteração				
Palavra hebraica sem vogais	כיטוב	מעל	מרחפת	ועץ
Copiar aqui				
Transliteração				

1.5 Letras que apresentam similaridades na escrita

Talvez você não encontre um tópico como este nas outras gramáticas hebraicas, mas resolvemos acrescentá-lo aqui porque não foram poucos os alunos, em aulas presenciais, que confundiram ou trocaram determinadas letras. Aqui, nós as dividiremos em dois grupos, os **similares** durante a leitura e os **potencialmente parecidos** na escrita. Vejamos, a seguir, os detalhes desse tema.

1.5.1 Letras com similaridades na leitura

Há cinco duplas que, geralmente, são confundidas entre si, numa leitura rápida: *bête* e *káfe*; *dálet* e *rêsh*; *waw* e *záin*; *hête* e *táu*; *mem* final e *sâmer*. Copie-as novamente, nos espaços em branco do quadro a seguir, procurando notar e salientar a pequena diferença existente entre elas.

No Quadro 1.9 mostraremos o *bête* (בּ) e o *káfe* (כּ). Note que há uma pequena saliência na base, diferenciando-os. É como se o *bête* tivesse um "rabinho" à direita.

Quadro 1.9 – Diferença na escrita do *káfe* e do *bête*

כּ	בּ	כּ	בּ	כּ	בּ	כּ	בּ	כּ	בּ
כּ	בּ	כּ	בּ	כּ	בּ	כּ	בּ	כּ	בּ
káfe	*bête*	*káfe*	*bête*	*káfe*	*bête*	*káfe*	*bête*	*káfe*	*bête*
k	b	k	b	k	b	k	b	k	b

No próximo quadro, veremos as diferenças entre o *dálet* (ד) e o *rêsh* (ר). O detalhe que os distingue é bem simples: o *dálet* tem uma pequena saliência no canto superior direito, como se tivesse uma pequena "orelha" à direita.

Quadro 1.10 – Diferença entre o *rêsh* e o *dálet*

ר	ד	ר	ד	ר	ד	ר	ד	ר	ד
ר	ד	ר	ד	ר	ד	ר	ד	ר	ד
rêsh	*dálet*	*rêsh*	*dálet*	*rêsh*	*dálet*	*rêsh*	*dálet*	*rêsh*	*dálet*
r	d	r	d	r	d	r	d	r	d

Agora, veremos também a diferença ente o *waw* (ו) e o *záin* (ז). O *záin* lembra um *t*. Em outras palavras, poderíamos dizer que ele seria o til (~) em cima de um risco reto na vertical (|).

Quadro 1.11 – Diferença entre o *záin* e o *waw*

ז	ו	ז	ו	ז	ו	ז	ו	ז	ו
ז	ו	ז	ו	ז	ו	ז	ו	ז	ו
záin	*waw*	*záin*	*waw*	*záin*	*waw*	*záin*	*waw*	*záin*	*waw*
z	w	z	w	z	w	z	w	z	w

A seguir, compararemos as letras *hei* (ה), *hête* (ח) e *táu* (ת). Note que a diferença entre elas também é sutil. O destaque é para a "perna" esquerda do *táu*. Observe que ela é torta (ת), enquanto no *hei* (ה) e no *hête* (ח) ambas as "pernas" são retas. Outro detalhe é que o *hei* (ה) tem uma "janela", no canto superior esquerdo, enquanto as outras – *hête* (ח) e *táu* (ת) – são fechadas, na parte superior.

Quadro 1.12 – Diferença entre o *táu*, o *hête* e o *hei*

ת	ח	ה	ת	ח	ה	ת	ח	ה
ת	ח	ה	ת	ח	ה	ת	ח	ה
táu	*hête*	*hei*	*táu*	*hête*	*hei*	*táu*	*hête*	*hei*
t	h	h	t	h	h	t	h	h

A última dupla que pode ser confundida durante a leitura são as letras *mem* final (ם) e *sâmer* (ס). A única diferença entre elas é a parte de baixo. O *mem* tem a base reta (ם), enquanto o *sâmer* é ligeiramente inclinado (ס), ou em forma de u (ס). Quando as escrevemos, podemos sinalizar mais claramente, indicando uma base quadrada para o *mem* (ם), e uma base oval para o *sâmer* (ס).

Quadro 1.13 – Diferença entre o *sâmer* e o *mem* final

ס	ם	ס	ם	ס	ם	ס	ם	ס	ם
ס	ם	ס	ם	ס	ם	ס	ם	ס	ם
sâmer	*mem* final	*sâmer*	*mem* final	*sâmer*	*mem* final	*sâmer*	*mem* final	*sâmer*	*mem* final
s	m	s	m	s	m	s	m	s	m

Não se assuste com tantos detalhes. O importante, nesses tópicos até aqui apresentados, é lembrar que existem letras bem parecidas entre si. Por conta desse detalhe, ao decorar o *alefbet* precisamos gastar um pouco mais de atenção nessa diferenciação. Observe o quadro a seguir; nele, colocamos todas as consoantes e suas formas. Também usamos alguns números, para indicar as letras que se assemelham a eles. Por exemplo, a letra indicada com o número 1 pode ser confundida com a letra indicada com o número 1', a 2 com a 2', e assim sucessivamente.

Quadro 1.14 – Todas as consoantes e suas formas

As 22 consoantes	א	ב	ג	ד	ה	ו	ז	ח	ט	י	כ	ל	מ	נ	ס	פ	צ	ק	ר	שׂ	ת
As 4 modificadas por ponto		בּ									כּ					פּ				שׁ	
As 3 (ou 5) modificadas por estarem no fim da palavra											ך		ם	ן		ף	ץ				

1.5.2 Letras com similaridades criadas a partir da escrita

No processo de cópia ou escrita, em especial no início dos estudos ou na hora da pressa, há várias letras que podem ser confundidas. Embora, inicialmente, sejam bem distintas, dependendo de como você as escrever, pode torná-las bem **parecidas**.

Por exemplo, se você escrever o *nún* (נ) mais "gordinho", ou o *káfe* (כ) mais "magrinho", poderão ser confundidos. Note que, inicialmente, o *nún* é "fininho" e reto, enquanto o *káfe* é mais largo e arredondado. Porém, na pressa, eles podem ser escritos de forma parecida. Copie-os no quadro a seguir e procure salientar as diferenças na sua letra.

Quadro 1.15 – Diferença entre o *nún* e o *káfe*

נ	כ	נ	כ	נ	כ	נ	כ	נ	כ
נ	כ	נ	כ	נ	כ	נ	כ	נ	כ
nún	*káfe*	*nún*	*káfe*	*nún*	*káfe*	*nún*	*káfe*	*nún*	*káfe*
n	kh	n	kh	n	kh	n	kh	n	kh

Ocorre também, com alguns alunos, fazer confusão entre o *'áin* (ע) e o *tsadê* final (ץ). Como ambos lembram um *y*, na pressa acabam sendo copiados de forma semelhante. Note que o *tsadê* final tem a "perninha" mais longa e mais reta que o *'áin*. Copie-as nos espaços em branco no quadro a seguir.

Quadro 1.16 – Diferença entre o *tsadê* final e o *'áin*

ץ	ע	ץ	ע	ץ	ע	ץ	ע	ץ	ע
ץ	ע	ץ	ע	ץ	ע	ץ	ע	ץ	ע
tsadê final	*'áin*	*tsadê final*	*'áin*	*tsadê* final	*'áin*	*tsadê* final	*'áin*	*tsadê* final	*'áin*
ts	'	ts	'	ts	'	ts	'	ts	'

Um grupo bem grande de letras que podem ser confundidas na escrita é composto pelas seguintes consoantes: ר ן ך י ז ו ד. Num primeiro momento, podem até parecer bem distintas. Porém, ao copiá-las um pouco fora do padrão, tornam-se bastante similares. Observe que quatro delas apresentam um tamanho padrão, mas duas delas são mais compridas e uma é bem curta. Preencha o quadro a seguir, procurando ressaltar as diferenças entre elas.

Quadro 1.17 – Diferença entre *káfe* final, *dálet*, *rêsh*, *nún* final, *waw*, *záin* e *yúd*

ך	ד	ר	ן	ו	ז	י	ך	ד	ר	ן	ו	ז	י
ך	ד	ר	ן	ו	ז	י	ך	ד	ר	ן	ו	ז	י
káfe final	*dálet*	*rêsh*	*nún* final	*waw*	*záin*	*yúde*	*káfe* final	*dálet*	*rêsh*	*nún* final	*waw*	*záin*	*yúde*

4. Atividade de aprendizagem

Copie as palavras a seguir e indique as correspondentes em português.

Palavra hebraica sem vogais	Lembre-se que a escrita e a leitura do hebraico é da direita para a esquerda. ⟸			
	המים	אלהים	ברא	בראשית
Copie aqui				
Transliteração				
	Já a transliteração deve ser da esquerda para a direita ⟹			
Palavra hebraica sem vogais	תהום	עלפני	היתה	הארץ
Copie aqui				
Transliteração				

Embora o hebraico tenha várias peculiaridades bem claras quando comparado com nossa língua portuguesa, você não deve se assustar. Nestas duas últimas décadas, observamos várias posturas dos estudantes para com o hebraico e chegamos à seguinte conclusão: a maior dificuldade da língua é nosso próprio preconceito para com o *novo* ou o *diferente*. Não acreditamos no poder das palavras, mas todos os estudantes que não foram tão bem nos estudos foram aqueles que já iam para a atividade dizendo: "não consigo", "hebraico não é pra mim" ou coisa do tipo.

De início, uma língua nova com um novo alfabeto assusta um pouco, é verdade. Entretanto, respire fundo, faça as atividades com dedicação que, aos poucos, dentro do tempo certo, você conseguirá entender o funcionamento da língua e suas características.

Síntese

Neste primeiro capítulo, apresentamos um pouco da história da língua hebraica, bem como suas peculiaridades e diferenças em relação ao português. A língua hebraica é bem mais antiga nessa comparação, apresentando características marcantes, como um alfabeto próprio e exclusivo, a escrita por consoantes, as letras com mais de uma escrita. Esse foi o nosso primeiro caminho para o estudo dessa língua fascinante, sua história e suas exclusividades.

Atividades de autoavaliação

1. Marque com V as afirmativas verdadeiras e F as falsas.
   ( ) Uma das peculiaridades distintas da língua hebraica, quando comparada com a portuguesa, é o fato de ela ser escrita da esquerda para a direita.

( ) O *alefbet* (alfabeto) hebraico conta com 29 consoantes: 22 em formas normais e 7 que sofrem alterações.

( ) *Transliteração* é escrever em português como lemos uma palavra hebraica, enquanto *tradução* é dizer o seu significado.

( ) Por ser uma língua consonantal, o hebraico não dispõe de vogais.

( ) As sete letras hebraicas que sofrem alteração na forma são:

שׁ	ע	פּ	נ	מ	כּ	בּ
shin	*'áin*	*pê*	*nún*	*mem*	*káfe*	*bête*
sh	'	p	n	m	k	b

Agora, marque a alternativa que assinala a sequência correta:

a) V, F, V, F, V.
b) F, F, V, V, F.
c) F, F, V, F, V.
d) V, V, F, F, V.

2. Complete o quadro a seguir.

Em port.	Nome da letra	Letra heb.
		א
b		
v		
g		
w		

Em port.	Nome da letra	Letra heb.
		מ
	mem final	
n		
p		
f (ph)		

Em port.	Nome da letra	Letra heb.
		צ
k		
	káfe final	
t		
	Sin	

3. Escolha cinco números aleatórios entre 1 e 22. Depois, com base no quadro a seguir, encontre a consoante correspondente ao seu primeiro número escolhido e diga o nome dela e sua correspondente em português.

כּ	י	ט	ח	ז	ו	ה	ד	ג	בּ	א
1	0	9	8	7	6	5	4	3	2	1

2	1	0	1	9	8	7	6	5	4	3

4. Observe as seguintes consoantes, relacionadas a nomes de quatro países diferentes. Em seguida, escreva de que país se trata em cada uma delas.

- דנמרק
- ארגנטינה
- ונצואלה
- אינדונזיה

5. Agora observe estas consoantes: ברזיל. A que país se refere? Uma dica: faça a transliteração reversa, assim você tem uma palavra portuguesa com as consoantes: *brsl*. Que país é esse?

capítulo dois

Algumas particularidades da língua hebraica[1]

1 Todas as citações a livros bíblicos em português, neste capítulo, se referem a Bíblia (2014), quando não especificada outra versão.

02

Embora a **língua hebraica** seja baseada num sistema consonantal, como já dissemos neste livro, ao longo dos tempos foram sendo criados alguns sinais para indicar a sonorização vocálica, indicações sintáticas e outros sinais para indicar o final de um versículo da Bíblia, por exemplo. Neste capítulo veremos detalhadamente alguns desses sinais.

Todavia, se você ainda tiver alguma dificuldade para reconhecer alguma consoante, volte ao capítulo anterior e estude-o novamente, para ter segurança na leitura deste.

2.1 Os sinais vocálicos e os auxiliares

O idioma hebraico, como já mencionamos anteriormente, sempre teve sua escrita baseada nas consoantes. Bem no início dos registros, era também escrito sem nenhum espaçamento entre as palavras. Isso pode nos parecer muito estranho, porém, com o costume, torna-se mais tranquilo para ler ou escrever.

Como exemplo, podemos citar as várias siglas existentes em algumas organizações. Todos os que pertencem àquele mesmo convívio se entendem muito bem, enquanto quem está fora não tem ideia do que se trata, por ser parte de uma linguagem própria, um jargão interno. Outro exemplo são os os internautas, com suas reduções e escrita simbólica. Recentemente, eu mesmo recebi um *e-mail* de uma sobrinha adolescente escrito com os códigos próprios para um bate-papo na internet e não consegui entender nem a metade do que estava escrito. Porém, com certeza, os amigos dela compreenderam muito bem.

Enfim, como já dissemos, para não sentir a falta das vogais, é preciso termos um contato mais frequente com esse tipo de texto. Como, na época bíblica, a escrita e, por conseguinte, a leitura eram para poucos, as pessoas começaram a perder o significado dos textos, quando se passava um período de tempo grande como é o da escrita dos textos bíblicos. Acrescente-se a isso o fato de existir, no texto bíblico, cerca de 2 mil palavras que aparecem uma única vez (Francisco, 2009, p. 3).

Por conta dessas dificuldades, por volta do século V d.C., os escribas e rabinos começaram a usar alguns sinais para representar três letras vocálicas: uma representando a vogal *a*, outra a vogal *e* e um terceiro sinal representando as vogais *i*, *o* e *u*. Como isso ainda era pouco, por volta do século VI d.C. foram criados todos os quase 30 sinais para indicar as vocalizações e suas entonações (Champlin; Bentes, 1995, p. 43).

2.1.1 Vogais e semivogais

Há gramáticas[2] que fazem uma divisão entre os sinais: primeiro mencionam quais seriam os sinais das **vogais** e só depois mencionam as **semivogais**, fazendo distinção entre vogais **abertas** e **fechadas**. Embora isso tenha sua importância, nós não a seguiremos. Como a proposta do curso é mais prática, propomos uma divisão com base nos nossos sons correspondentes.

Sinais massoréticos para *a*

Os sinais que serão lidos como *a* são os constantes no Quadro 2.1.

Quadro 2.1 – Formas massoréticas para se ler *a*

Nome	Forma[3]	Pronúncia
qamets gadol	◌ָ	*a*, como na palavra *cal*.
pathah	◌ַ	*á*, como na palavra *pá*.
shewa composto de *pathah*	◌ֲ	*a* breve.

2 Uma das gramáticas utilizadas para a redação desta seção foi a de Gusso (2005).

3 O círculo tracejado, nesta representação dos sinais massoréticos, representa qualquer consoante e serve para nos ajudar a visualizar em que lugar o sinal da vogal estará escrito.

Para a transliteração das vogais, há gramáticas que fazem distinção entre cada um dos tipos diferentes de sinais. Aqui nós não faremos essa diferenciação. Basta lembrar que um dos sinais vistos anteriormente é correspondente à letra. Isso já será suficiente. Como exemplos[4], podemos ver o constante no Quadro 2.2.

Quadro 2.2 – Montando sílabas terminadas em *a*

לֲ	שַׁ	כָּ	זַ	קָ	אַ	עַ	חַ	חֲ	הֲ
לֲ	שַׁ	כַּ	זַ	קָ	אַ	עַ	חַ	חֲ	הֲ
la	*sha*	*qa*	*za*	*qa*	*'a*	*'a*	*ha*	*ha*	*ha*

Copie, nos espaços em branco, cada sílaba e sua transliteração (como nós as lemos[5]).

4 Certamente, na gramática hebraica, deve haver uma relação entre cada consoante e uma vogal ou uma explicação que associe uma a outra. Porém, como o que nos interessa é a leitura, o que precisamos saber é que não há necessidade de ficar tentando imaginar qual vogal combina mais com aquela determinada consoante. Imaginemos que todas as vogais podem aparecer em qualquer consoante. Isso será o suficiente para a leitura.

5 Copie quantas vezes for necessário. Lembre-se de que, aqui, são apenas exemplos. Cada vogal ou semivogal poderá aparecer em junção a qualquer consoante. Se fosse um curso sobre a escrita hebraica, certamente gastaríamos tempo vislumbrando as combinações mais prováveis e mais precisas entre vogais, semivogais e consoantes. Todavia, como o nosso objetivo é a leitura, podemos imaginar que cada vogal pode combinar com qualquer consoante.

1. Atividade de aprendizagem

Translitere e decore as palavras a seguir, com a vogal *a*:

בַּת	בָּרָא	אַב	עַתָּה	אַתָּה
Filha	Criou	Pai	Agora, já	Tu[6]
עַל	חָכָם	דָּבָר	עַם	אֲדָמָה
Sobre, acima	Sábio	Palavra, dito	Povo	Terra

Sinais massoréticos para *e*

Os sinais que serão lidos como *e* são os constantes do Quadro 2.3.

Quadro 2.3 – Formas massoréticas para se ler *e*

Nome	Forma	Pronúncia
sere	◌ֵ	ê (vê).
shegol	◌ֶ	*é*, como em *pé*.
shewa	◌ְ	*e* brevíssimo na primeira sílaba e sem pronúncia nas outras sílabas.
shewa composto de *seghol*	◌ֱ	*e* breve.
sere com *yodh*	◌ֵי	*e* longo e *ey* na última sílaba.

Visualizando-as com algumas consoantes, teremos o constante no Quadro 2.4.

6 Observe que a única diferença nas palavras hebraicas *tu* e *agora* é que uma começa com *'álef* e a outra com *'áin*, mas a pronúncia é idêntica. Em ambas, deve-se ler *atáh*.

Quadro 2.4 – Montando sílabas terminadas em *e*

מֵ	רֶ	בֵּי	דֵ	יְ	שֶׁ	נֵ	חֶ	עֶ	אֱ
me	*re*	*be* ou *bey*[7]	*de*	*ye* ou *y*[8]	*she*	*ne*	*he*	*'e*	*'e*

Copie, nos espaços em branco, cada sílaba[9] e sua transliteração (como nós as lemos).

2. Atividade de aprendizagem

Translitere e decore as palavras a seguir, com as vogais *a* e *e*:

מֶלֶךְ	אֲשֶׁר	אֶרֶץ	בְּרָכָה	לֵבָב
Rei	Que, qual...	Terra	Bênção	Coração[10]
יֶלֶד	יֶפֶת	בְּנֵי	עֶבֶד	לָכֵן
Menino, criança	Jafé	Filhos de	Servo	Portanto

7 A pronúncia é *be* (com o *y* sendo mudo) em qualquer sílaba que não seja a última. Na última sílaba, a pronúncia deve incluir o som do *y*, lendo-se *bey*. Isso pode ocorrer com qualquer outra consoante.

8 A pronúncia é *ye* somente na primeira sílaba. Da segunda sílaba em diante, o *e* não é pronunciado, ficando apenas a consoante *y*. Outros exemplos: לְ (*le* ou apenas o *l*); רְ (*re* ou apenas o *r*); isso pode acontecer com qualquer consoante.

9 Essas sílabas são mera junção de consoantes com alguns sinais vocálicos *e*. Não formam nenhuma palavra em hebraico.

10 A palavra hebraica para *coração* (*bb'le*) também pode aparecer de forma contraída, *ble*, mas o significado é o mesmo.

Sinais massoréticos para *i*

Os sinais que são lidos como *i* são os constantes do Quadro 2.5.

Quadro 2.5 – Formas massoréticas para se ler *i*

Nome	Forma	Pronúncia
hiriq gadol	◌ִי	*i* como na palavra *vi*.
hiriq qaton	◌ִ	*i* como na palavra *fino*.

Alguns cuidados devem ser tomados: em português, o *i* tem um ponto acima da vogal. Em hebraico, o ponto é **abaixo da consoante**. No primeiro exemplo, nossa tendência é lermos *ii*; porém, na leitura, deve haver apenas um *i*. Oficialmente, na leitura, ele seria um *i* mais forte; todavia, na prática, acaba soando quase igual ao outro.

Quadro 2.6 – Montando sílabas terminadas em *i*

ו	נִי	מִ	תִ	קִי	אִ	עִ	יִ	חִ	הִי
wi (lê-se *vi*)	*ny*	*mi*	*ti*	*qy*	*'i*	*'i*	*y*	*hi*	*hy*

Copie cada sílaba e sua transliteração (como nós as lemos).

3. Atividade de aprendizagem

Translitere e decore as palavras a seguir. Elas podem apresentar as vogais *a*, *e* ou *i*:

אִישׁ	הִנֵּה	יִשְׂרָאֵל	כִּי	רֵאשִׁית
			ky	
Homem	Eis que	Nome próprio	Certamente, porque...	Princípio

Sinais massoréticos para *o*

Os sinais lidos como *o* são os constantes do Quadro 2.7.

Quadro 2.7 – Formas massoréticas para se ler *o*

Nome	Forma	Pronúncia
holem	◌ֹ	ô, como em *pôs*. O *holem* é representado por um ponto sobre a consoante. Pode se localizar exatamente acima, mais à direita ou mais à esquerda.
qamets qaton ou *hatuph*	◌ָ	ó, como em *pó*. É idêntico a um dos sinais que representam a letra *a* (*qamets gadol*), mas é muito raro. Uma palavra que aparece muito é כָּל – lê-se *kol*, e não *kal* – , ou, sem o ponto, כָל – lê-se *khol*, e não *khal*. Nas demais, é pronunciada em geral como *a*.
shewa composto de *qamets*	◌ֳ	*o* breve.
holem com *waw*	וֹ	*o* longo.

Quando em conjunto com algumas consoantes, lê-se como no Quadro 2.8.

Quadro 2.8 – Montando sílabas com a letra *o*

סֹ	נֹ	כָּל	תֳּ	וֹ	אֹ	לֹ	מֹ	חֹ	שֹׁ
so	*no*	*kol*	*to*	*o*	*'o*	*lo*	*mo*	*ho*	*sho*

Copie cada sílaba e sua transliteração (como nós as lemos).

Um detalhe importante

- *waw* + qualquer tipo de a (וָ) = *wa* (lê-se *vá*).
- *waw* + qualquer tipo de e (וֶ) = *we* (lê-se *vê*).
- *waw* + i (וִ) = *wi* (lê-se *vi*).
- *waw* + o (וֳ) = *wo* (lê-se *vo*).
- *waw* + *holem* (וֹ) = *o* (**nunca** será *wo*. Para ser *wo*, deve ter o *waw* duplicado: וֹו = *wo* (lê-se *vô*), ou outra consoante, a qual veremos a seguir. Lembre-se de que a leitura é da direita para a esquerda).
- *waw* + *shureq* (וּ) = U (**nunca** será *wu*. Para ser *wu* (lê-se *vu*), precisará ter um *waw* duplicado (וּו), ou outra consoante, a qual veremos a seguir.

4. Atividade de aprendizagem

Translitere e memorize as seguintes palavras com as vogais de *a* até *o*:

קוֹל	צְבָאוֹת	מִצְרַיִם	אֱלֹהִים	עוֹלָם
Voz, som	Exércitos	Egito ou terras das servidões	Deus, deus ou deuses	Eternidade
כָּל	כֹּל	כָּל	חֳלִי	חֹלִי
Todo, toda, todos, todas[11]			Doença[12]	

11 Estas três colunas tratam do mesmo advérbio (*todo* usado como advérbio). O significado é um só. O que muda é a forma da escrita em hebraico e a pronúncia (transliteração). Não há explicação por que se escreve ora de um jeito, ora de outro. Só sabemos que existem essas três formas para a mesma palavra.

12 Essas duas colunas tratam do mesmo substantivo. A pronúncia (transliteração) e o significado são um só. O que muda é a forma da escrita em hebraico. Existem essas duas formas para a mesma palavra.

Sinais massoréticos para *u*

Os sinais massoréticos lidos como *u* são os constantes do Quadro 2.9.

Quadro 2.9 – Formas massoréticas para se ler *u*

Nome	Forma	Pronúncia
shureq	וּ	*u* como na palavra *lua*.
qibbuts	◌ֻ	*u* como na palavra *susto*.

Quando usados em conjunto com as consoantes, a leitura fica como no Quadro 2.10.

Quadro 2.10 – Montando sílabas terminadas em *u*

דוּ	רֻ	לוּ	תֻ	וּ	עֻ	פוּ	מֻ	שֻׁ	שׁוּ
du	*ru*	*lu*	*tu*	*u*	*'u*	*pu*	*mu*	*shu*	*shu*

Copie cada sílaba e sua transliteração (como nós as lemos).

À semelhança do *holem* acompanhado do *waw*, o *shureq* (וּ) sempre é lido como *u*, nunca *wu*. Para ser *wu* (lê-se *vu*), deveria haver um *waw* duplicado (וּו), ou outra consoante, a qual veremos a seguir.

5. Atividade de aprendizagem

Translitere e memorize as seguintes palavras com as vogais de *a* até *u*:

לֶחֶם	נְאֻם	אָכֶל	שֻׁלְחָן	יְהוּדָה
Pão	Declaração, sentença	Comida	Mesa	Judá, nome de lugar

As palavras deste quadro não precisam ser decoradas, apenas transliteradas.

בְּחוּצוֹתֵינוּ	חוּקֹק	דָוִד	חוּשִׁים	יֻלְּדוּ
Em nossos campos	Hucoque, nome próprio	Davi, nome próprio[13]	Husim, nome próprio	Eles foram gerados

2.1.2 Sinais auxiliares

Além das vogais e das semivogais, há outros sinais que foram acrescidos como **auxiliares** para uma melhor compreensão do texto. Há dezenas deles, mas aqui, para um melhor entendimento do texto, apresentaremos apenas os que seguem[14].

- ***Sillûq*** – É o sinal correspondente ao nosso **ponto final**, indicando que o versículo (na Bíblia) termina ali. Ele é representado por dois pequenos losangos, ao final de cada verso. Por exemplo, Gênesis, 1: 3[15].

13 Este nome é fácil. Apenas pela leitura podemos reconhecê-lo, é o rei Davi.

14 Para maiores informações sobre os sinais massoréticos, consulte Francisco (2005).

15 Todas as citações em hebraico de versículos ou parte de versículos da Bíblia foram extraídas de Elliger e Rudolph (1996).

וַיֹּאמֶר אֱלֹהִים יְהִי אוֹר וַיְהִי־אוֹר׃

- ***'Atnah*** – No texto da *Bíblia hebraica stuttgartensia*, entre tantos, ocorre a utilização do acento circunflexo (^) abaixo de um determinado vocábulo, indicando que ele é a última palavra da sentença ou da frase, dentro de um determinado versículo (Elliger; Rudolph, 1996). Em outras palavras, ele serviria para nos ajudar a identificar as possíveis partes dos versículos, as quais chamamos comumente de *a*, *b* ou *c*. Por exemplo, o mesmo versículo em Gênesis, 37: 1 apresenta uma *'atnah* no final da quinta palavra:

וַיֵּשֶׁב יַעֲקֹב בְּאֶרֶץ מְגוּרֵי אָבִיו בְּאֶרֶץ כְּנָעַן׃

Abaixo da letra *bête* da palavra em destaque há uma *'atnah*, significando os **dois-pontos**. A Bíblia em português que escolhemos, chamada *Bíblia Almeida século 21*, traduz esse versículo assim: "Jacó habitava na terra das peregrinações de seu pai, na terra de Canaã" (Gênesis, 37: 1). Porém, levando-se em conta a versão dos sinais massoréticos, a tradução seria assim: "E habitava Jacó a terra das peregrinações do seu pai: a terra de Canaã". Traduzimos dessa maneira levando em conta o valor anafórico da expressão após os dois-pontos. Embora não exista qualquer ponto em meio ao versículo, precisamos inserir dois-pontos ou um ponto e vírgula, separando as duas sentenças. Vejamos outro versículo em que o sinal aparece, em Gênesis, 37: 5.

וַיַּחֲלֹם יוֹסֵף חֲלוֹם וַיַּגֵּד לְאֶחָיו וַיּוֹסִפוּ עוֹד שְׂנֹא אֹתוֹ׃

Nesse outro verso, abaixo da letra *hête* da palavra em destaque, há uma *'atnah*, usada como **ponto final**. Na tradução bíblica: "E aconteceu que José teve um sonho e contou-o aos seus irmãos; por isso passaram a odiá-lo ainda mais" (Gênesis, 37: 5). Os tradutores optaram pelo ponto e vírgula, porém nossa tradução seria: "E sonhando José um sonho, revelou para os irmãos dele. Por isso, eles passaram a odiá-lo ainda mais". Assim, a pontuação original da Bíblia massorética seria respeitada.

- ***Zadeq parvum*** – Outro sinal também presente na versão impressa é o *zadeq parvum*, representado pelo *shewá* (ְ) acima de uma palavra. Ele serve para subdividir as partes do versículo, indicada pelo *'atnah*, mencionado anteriormente. Por exemplo, a primeira parte do versículo que citamos, em Gênesis, 37: 5, pode ser ainda dividida em duas. Nesse mesmo versículo há o uso de um *zadeq* dividindo a primeira parte do verso. Ele está acima do *lâmede* da palavra em destaque:

וַיַּחֲלֹם יוֹסֵף חֲלוֹם וַיַּגֵּד לְאֶחָיו וַיּוֹסִפוּ עוֹד שְׂנֹא אֹתוֹ׃

Aqui há o uso de uma *'atnah,* dividindo o versículo. Sua tradução, como já dissemos, seria: "E sonhando José um sonho, revelou para os irmãos dele. Por isso, eles passaram a odiá-lo ainda mais". Nesse caso, o *zadeq* é traduzido pela vírgula.

- ***Maqqef*** – Há ainda outro sinal que aparece em meio à escrita, como se fosse um hífen localizado na parte superior das letras. Ele é chamado de *maqqef* e serve para indicar que ambas as palavras devem ser lidas como se fossem uma só. Pode ser que, nessa junção, algumas palavras sofram uma pequena alteração em sua forma escrita. Por exemplo, עַל־פְּנֵי (lê-se *alpeney*, tudo junto, e significa *sobre a face de*); isoladamente, o עַל (*'al*) continuaria da mesma forma, mas o פְּנֵי (*peney*, com significado de *a face de*, ou *na presença de*) tem a forma פָּנֶה (*paneh*, com significado de *face, diante, na presença*). Por sua vez, as palavras וַיְהִי־אוֹר (*wayhy-'or*) devem ser lidas juntas, como se fossem uma única palavra; porém, isoladamente, elas mantêm a sua forma escrita e significado idênticos ao que tinham, sem o uso do *maqqef*. Portanto, tanto o וַיְהִי־אוֹר quanto o וַיְהִי אוֹר

significam *e houve luz* e podem ser usados separadamente ou ligados pelo hífen, depende de sua localização no verso, como indicação para a leitura. Nesse caso, וַיְהִי significa *e houve* e אוֹר significa *luz*.

Encontramos em Gênesis, 37: 2 um exemplo do uso do *maqqef* dentro de um versículo. Destacamos as palavras em que ele aparece, para melhor visualização:

אֵלֶּה תֹּלְדוֹת יַעֲקֹב יוֹסֵף בֶּן־שְׁבַע־עֶשְׂרֵה שָׁנָה הָיָה רֹעֶה
אֶת־אֶחָיו בַּצֹּאן

וְהוּא נַעַר אֶת־בְּנֵי בִלְהָה וְאֶת־בְּנֵי זִלְפָּה נְשֵׁי אָבִיו

וַיָּבֵא יוֹסֵף אֶת־דִּבָּתָם רָעָה אֶל־אֲבִיהֶם׃

Além desses sinais que destacamos, há ainda muitos outros sinais auxiliares, cada um com uma função específica. Destacamos aqui apenas os que mais ajudam para a tradução e a leitura.

2.2 Formação silábica

Curiosamente, uma **sílaba** hebraica pode ser composta por até três consoantes. É fácil perceber que a fonética é parecida com a do português, pois em hebraico a sílaba também deve contar uma, e apenas uma, vogal. O que realmente é decisivo na composição da sílaba é a presença de uma vogal. Cada sílaba é composta por apenas uma vogal, porém pode ter a participação da semivogal *shewa* (ְ, os dois pontos na vertical, abaixo da letra). Vejamos alguns exemplos, no Quadro 2.11.

Quadro 2.11 – Transliterando sílabas hebraicas

פֶּשׁ	יָהּ	הִים	נָף	לְמִי	יְשַׁר	שַׁר	רֹ
pesh	*yah*	*hym*	*naf*	*lemy*	*yshr*	*shar*	*ro*
Copie cada sílaba e sua transliteração (como nós as lemos).							

Essas sílabas apresentadas no quadro anterior são apenas **sílabas isoladas**. Agora, no exemplo a seguir, apresentamos **palavras monossilábicas**.

Quadro 2.12 – Transliterando termos hebraicos monossilábicos

פְּרוּ	בֵּין	יוֹם	כִּי	עַל	יְהִי	פְּנֵי	טוֹב
peru	*beyn*	*yom*	*ky*	*'al*	*yehy*	*peney*	*tov*[16]
Agora copie cada sílaba e sua transliteração (como nós as lemos), sem se importar, neste momento, com o seu significado (tradução).							

Na prática, a grande utilidade de saber a separação das sílabas é que ela ajuda bastante na hora da leitura da palavra, em especial no aprendizado a distância. Por exemplo, a seguir repetimos o texto de Gênesis, 1: 1-4. Porém, desta vez, com todos os sinais vocálicos e alguns auxiliares. Logo em seguida, repetimos o mesmo texto acrescentando o hífen entre as sílabas, para facilitar a prática da leitura.

16 Só por curiosidade, a tradução de *tov* é *bom*, *peney* é *face de*, *yehy* é *haja*, *'al* é *sobre*, *yom* é *dia*, *beyn* é *entre* e *peru* é *frutificai-vos*. Convém lembrarmos que a tradução para o português não tem qualquer correlação com a quantidade de letras ou sílabas do hebraico.

1 בְּרֵאשִׁית בָּרָא אֱלֹהִים אֵת הַשָּׁמַיִם וְאֵת הָאָרֶץ׃

2 וְהָאָרֶץ הָיְתָה תֹהוּ וָבֹהוּ וְחֹשֶׁךְ עַל־פְּנֵי תְהוֹם וְרוּחַ אֱלֹהִים
מְרַחֶפֶת עַל־פְּנֵי הַמָּיִם׃

3 וַיֹּאמֶר אֱלֹהִים יְהִי אוֹר וַיְהִי־אוֹר׃

4 וַיַּרְא אֱלֹהִים אֶת־הָאוֹר כִּי־טוֹב וַיַּבְדֵּל אֱלֹהִים בֵּין הָאוֹר וּבֵין
הַחֹשֶׁךְ׃

A seguir, repetimos o texto bíblico e acrescentamos o hífen indicando a separação das sílabas. Também demos um espaço extra para que você possa praticar a escrita. Além de copiar o texto hebraico, faça a transliteração (escreva como cada palavra é lida). Lembre-se, mais uma vez, de que o hebraico é escrito da *direita para a esquerda*, mas a transliteração é **em português**, ou seja, da *esquerda para a direita*. Após ter praticado, consulte a resposta ao final do livro.

6. Atividade de aprendizagem

Translitere as palavras a seguir. Os hífens servem para separar as sílabas, o que ajuda a entender melhor esse processo.

a)

הָ־אָ־רֶץ׃	וְאֵת	הַ־שָּׁ־מַ־יִם	אֵת	אֱ־לֹ־הִים	בָּ־רָא	בְּרֵא־שִׁית
						bere'-shyt[17]

17 Lembre-se de que o hebraico é escrito e lido da direita para a esquerda. Porém, quando escrevemos a transliteração, a fazemos em português, que deve ser da esquerda para a direita.

b)

וְהָ־אָרֶץ הָיְ־תָה תֹהוּ וָ־בֹ־הוּ וְחֹ־שֶׁךְ עַל־פְּנֵי תְהוֹם:

c)

אֱ־לֹ־הִים מְרַ־חֶ־פֶת עַל־פְּנֵי הַ־מָּ־יִם:

d)

וַ־יֹּא־מֶר אֱ־לֹ־הִים יְהִי אוֹר וַ־יְהִי־אוֹר:

e)

וַ־יַּרְא אֱ־לֹ־הִים אֶת־הָ־אוֹר כִּי־טוֹב:

f)

וַ־יַּבְ־דֵּל אֱ־לֹ־הִים בֵּין הָ־אוֹר וּ־בֵין הַ־חֹ־שֶׁךְ:

2.3 Estrutura das frases

O hebraico é bastante diferente do português, não apenas no alfabeto e na direção da escrita. A forma de pensamento e, consequentemente, a estrutura de uma frase é bem distinta daquela a que estamos habituados. Nós, geralmente, escrevemos na seguinte sequência: **sujeito**, **verbo** e **complementos**[18] (por exemplo: *João comprou o pão de forma no mercado*). Em hebraico, a ação é mais importante que quem a fez e, assim, a estrutura da frase, na grande maioria das vezes, é da seguinte maneira: **verbo**, **sujeito** e **complementos** (nosso exemplo anterior ficaria assim: *Comprou João o pão de forma no mercado*). Porém, às vezes, a frase é invertida, resultando na seguinte sequência: **complementos**, **sujeito** e **verbo** (*O pão de forma no mercado João comprou*).

Eu já tive ex-alunos que ficavam gastando muita energia discutindo, reclamando ou tentando entender o porquê dessas mudanças. Como já mencionamos, certamente há razões ou explicações. Porém, como foge de nosso propósito, simplesmente partimos do pressuposto de eles pensarem diferente.

Outra grande diferença, como veremos com maiores detalhes no capítulo sobre os verbos, é que os judeus não se preocupam muito com o tempo verbal, e sim com a **intensidade** da ação (na categoria gramatical que chamamos de *aspecto verbal*). Enquanto nós, falantes de português, queremos saber quando determinada coisa vai acontecer ou se já aconteceu, os falantes de hebraico se atêm a informar se foi uma ação simples ou intensiva, se foi algo próprio ou induzido e assim, por diante.

Como exemplos de sua estrutura diferenciada, podemos mostrar os exemplos do quadro a seguir.

18 Chamamos aqui de *complementos* os termos de uma oração que determinam o sentido do verbo. Não podemos chamá-los de *predicado*, pois o verbo faz parte do predicado. Assim, apesar de não ser categoria gramatical reconhecida, incluímos nesses complementos o objeto direto, o objeto indireto, o agente da passiva, os complementos nominais e os predicativos do sujeito e do objeto.

Quadro 2.13 – Diferença entre a estrutura da frase em hebraico comparada com a frase em português

Estrutura em língua portuguesa	Estrutura em língua hebraica
Deus criou os céus e a terra.	Criou Deus os céus e a terra.
O Senhor disse a Moisés.	Disse o Senhor a Moisés.
Estes se colocarão de tocaia contra si mesmos.	E estes, para os sangues deles mesmos, é que se colocarão de tocaia.
Eles se fartarão dos próprios planos.	E dos planos deles se fartarão.
E encontrarás o conhecimento de Deus.	E o conhecimento de Deus encontrarás.
Ela esquece a aliança do seu Deus.	A aliança do Deus ela esquece.

7. Atividade de aprendizagem

Procure praticar as seguintes palavras, colocando-as na estrutura da nossa língua. Atenção: pratique um pouco antes e só depois disso confira o resultado na Seção "Respostas", ao final do livro.

a) Mas há abundância de colheitas pela força do boi.
b) Atenta um justo para a vida do gado dele.
c) Ruína iminente é a boca do tolo.
d) Pois descerá para a morte a casa dela.

Síntese

Nestes dois primeiros capítulos, conhecemos um pouco da parte histórica da língua hebraica e suas peculiaridades concernentes à forma e ao posicionamento de suas consoantes. Também descobrimos que, embora oficialmente o hebraico não apresente vogais, alguns sábios do passado criaram sinais para facilitar nossa leitura e também o momento das pausas na hora da tradução. No próximo capítulo, observaremos outros detalhes dessa língua tão fascinante, só que voltados para questões gramaticais. Mais especificamente, sobre os artigos e as partículas conectivas, representadas pelas conjunções e preposições.

Atividades de autoavaliação

1. Marque com V as afirmativas verdadeiras e F as falsas.
   ( ) Cada sílaba hebraica pode ter até três consoantes, mas apresenta uma única vogal.
   ( ) É importante entender a cosmovisão do judeu, para melhor traduzir o texto bíblico.
   ( ) Os sinais que indicam a vocalização das vogais sempre existiram. Foram criados já no nascimento da língua hebraica.
   ( ) Os sinais *sillûq*, *'atnáh* e *zadeq* só têm serventia para a leitura do texto hebraico.
   ( ) Em português, o normal é usarmos a sequência *sujeito* + *verbo* + *complementos*. Em hebraico, porém, nem sempre esta sequência é seguida

   Agora, marque a alternativa que assinala a sequência correta:

   a) F, V, F, V, F.
   b) V, F, V, F, V.
   c) V, V, F, F, V.
   d) F, F, V, V, F.

2. Translitere as seguintes palavras e escreva suas traduções.

מֶלֶךְ	אִישׁ	יְהוּדָה	דָּבָר	אֱלֹהִים

3. Escolha seis números entre 1 e 28; depois, olhe no quadro a seguir e translitere a palavra correspondente aos números que você escolheu e escreva sua tradução.

עַל	חָכָם	דָּבָר	עַם	יְהוּדָה	לֵבָב	אֲדָמָה
1	2	3	4	5	6	7

בַּת	בָּרָא	אָב	עַתָּה	יֶלֶד	יֶפֶת	עֶבֶד
8	9	10	11	12	13	14

קוֹל	צְבָאוֹת	מִצְרַיִם	אֱלֹהִים	עוֹלָם	אֶרֶץ	בְּרָכָה
15	16	17	18	19	20	21

אִישׁ	הִנֵּה	יִשְׂרָאֵל	כִּי	רֵאשִׁית	מֶלֶךְ	אֲשֶׁר
22	23	24	25	26	27	28

4. Analise o texto hebraico a seguir, de Salmos, 95: 5:

יָצָרוּ׃	יָדָיו	וְיַבֶּשֶׁת	עָשָׂהוּ	וְהוּא	הַיָּם	לוֹ
o formou	pois a sua mão	e o continente	o fez	pois ele	o mar	dele são

Respeitando os sinais *'atnáh* ou *zadeq* (quando houver), escreva por que a tradução para o português não pode ser: "Dele são o mar e a terra, porque ele os criou, formando com suas mãos".

capítulo três

O uso do artigo e dos conectivos em hebraico[1]

1 Todas as citações a livros bíblicos em português, neste capítulo, se referem a Bíblia (2014), quando não especificada outra versão.

03

Trabalharemos, neste capítulo, com algumas questões importantes no que diz respeito ao posicionamento das palavras na frase – em particular, sobre a correlação entre substantivos, artigos, conjunções e preposições. Quanto ao **artigo**, veremos que, em hebraico, só ocorre o que chamamos *artigo definido*. Sobre a **conjunção**, analisaremos a mais importante e muitíssimo utilizada, chamada de *waw conjuntivo*.

No quesito **preposições**, nós as estudaremos em dois grupos, dividindo-as naquelas que também são utilizadas em junção com a palavra e aquelas que têm utilização de forma independente. Por fim, vislumbraremos como a gramática hebraica lida com a inserção lexical, procurando entender o funcionamento do que eles denominam *construto* e *absoluto*.

Neste primeiro momento, convém ressaltarmos que, diferentemente do português, tanto o **artigo** quanto muitas **preposições** e

conjunções são acopladas no substantivo, no adjetivo e, às vezes, até nos verbos, formando uma única palavra que traduzida pode ser uma frase completa.

3.1 O artigo

Na língua portuguesa, enquanto temos basicamente oito formas do **artigo**, incluindo os definidos e os indefinidos (*um, uma, uns, umas, o, a, os, as*), em hebraico só existem duas formas: o ***hei*** (הַ) e **sua ausência**. Quando há um *hei* (הַ) no início da palavra, isso pode indicar o artigo definido (em qualquer um de seus gêneros e números – *o, a, os,* ou *as*). Concomitantemente, a ausência dele indica o artigo indefinido (em qualquer um de seus gêneros e números – um, uma, uns, ou umas).

Por exemplo, a palavra הַבֵּן (que transliteramos como *haben*) é uma palavra masculina no singular, iniciada com o artigo definido; assim, a tradução será *o filho*. Quando estiver sem o artigo definido, será escrito בֵּן (*ben*) e estará indefinida, podendo ser traduzida como *filho* ou *um filho* (o contexto em português é quem decidirá qual dessas duas formas adotaremos). A palavra הַלַּיְלָה (*halaylah*) é um substantivo feminino no singular, iniciado com o artigo definido. Assim, nós a traduzimos por *a noite*. Sem o artigo, ficará לַיְלָה (*laylah*) e significará *uma noite* ou apenas *noite*.

A palavra הָאֱלֹהִים (transliterada como *há'elohym*) é um substantivo masculino plural, iniciado com o artigo definido. Por isso, traduzimos como *os deuses*; se tirarmos o artigo, teremos a palavra אֱלֹהִים (*'elohym*)[2] e seu significado passará a ser *deuses* ou *uns*

2 Curiosamente, esta mesma palavra, assim, no plural, pode ser utilizada para se referir ao único e verdadeiro Deus.

deuses (o contexto em português é quem decidirá qual dessas duas formas adotaremos). A palavra הָטוֹבוֹת (*hatovot*) é um adjetivo no feminino plural, iniciado com o artigo definido. Assim, traduzimos como *as boas*. Se estivesse sem o artigo, ficaria טוֹבוֹת (*tovot*) e seria traduzido como *boas* ou *umas boas*.

3.1.1 O posicionamento na frase

Vamos inicialmente observar as palavras no Quadro 3.1, a seguir.

Quadro 3.1 – Diferença entre uso do artigo definido e do indefinido em hebraico

גְּדֹלָה	לָיְלָה	טוב	יום	אֶרֶץ	מָיִם	אור	פָּנֶה
Grande	Noite	Bom	Dia	Terra	Águas	Luz	Face
הָגְּדֹלָה	הָלָיְלָה	הָטוב	הָיום	הָאָרֶץ	הַמָּיִם	הָאור	הַפָּנֶה
A grande	A noite	O bom	O dia	A terra	As águas	A luz	A face

Você lembra que, inicialmente, o hebraico era escrito "todo junto", sem espaços entre as letras? Pois bem, quando começaram a dividir as palavras, foi criada a regra de que nenhuma letra ficaria sozinha. Por isso, o artigo definido hebraico, representado pela letra *hei* (הַ), sempre aparecerá junto do substantivo ou do adjetivo, no início da palavra. Embaixo dele, poderemos encontrar qualquer vogal. Não vamos gastar energia com elas, pois o importante é lembrar que o *hei* (הַ) é a letra hebraica usada como artigo definido e pode ser traduzida por *o*, *a*, *os* ou *as*, dependendo do gênero e do número da palavra à qual ele está anexado.

Outro detalhe importante. O *hei* não pode ficar sozinho, então sempre estará acompanhado de uma vogal. Voltando ao Quadro 3.1, podemos ver as diferentes vogais utilizadas em cada artigo. Também podemos notar que, na palavra hebraica traduzida como *face*, foi usado o *pathah*; no artigo para a palavra hebraica *luz*, foi utilizado o *qamets gadol*; no artigo para a palavra *grande*, aparece o *shegol*. Podem aparecer várias outras vogais. Cada uma tem uma razão de ser para a gramática hebraica, mas não nos prenderemos a esses detalhes. No entanto, não devemos nos preocupar com isso, pois podemos nos acostumar com o tempo. Como nosso objetivo é ler e traduzir o texto hebraico, não gastaremos energia explicando quando deve ser a vogal *a* ou quando deverá ser outra. O importante é que quanto mais conhecermos as palavras hebraicas, mais teremos condições de saber se ela está ou não acompanhada do artigo.

Em geral, a grande maioria das palavras que apresenta um *hei* no início denota o uso de artigo. Não há como fazer uma estimativa tão precisa, nem precisamos nos desesperar. Na grande maioria das vezes em que uma palavra começar com *hei* (הָ), será artigo; algumas vezes ele indica um tipo de verbo e pouquíssimas vezes o *hei* (הֲ) será indicativo de uma interrogação. Segundo Kirst et al. (1989, p. 52-56) apenas 140 palavras iniciam com o *hei* (הָ). Vejamos os exemplos a seguir, no Quadro 3.2.

Quadro 3.2 – Exemplos do uso do *hei* (הִ)

הַקְהֵל	הַנָּהָר	הָרַג	אָכָלְתָּ:	הָעֵץ	הֲמִן	הָרִים	הִגִּיד	הַיּוֹם
Um tipo de verbo no imperat.	Artigo + substantivo	Verbo iniciado em *hei*	comeste	a árvore	*hei* interrog. + preposição	Palavra iniciada em *hei*	Um tipo de verbo na 3ª pessoa	Artigo + substantivo
Reúna-se	O rio	Ele matou	Da árvore comeste?[3]			Montes	Fez declarar	O dia

3 Frase interrogativa. Aqui, é importante destacar que cada divisão da frase em hebraico apresenta pelo menos uma possibilidade de emprego da letra *hei*.

O objetivo com esses exemplos não é assustar, mas só mostrar que existem esses tipos de palavras iniciadas com *hei* e os significados que ele pode assumir em cada caso. Todavia, você pode ficar tranquilo porque, munido de um bom dicionário analítico, podemos conseguir ajuda para entender do que se trata. Continuemos a ver, a seguir, mais alguns detalhes sobre o uso do artigo em hebraico.

3.1.2 O artigo definido

Talvez você tenha notado, nos exemplos anteriores, que o *hei* sempre vem acompanhado de uma vogal. Porém, devemos tomar cuidado porque, independentemente do tipo de palavra que ele irá acompanhar (se substantivo, verbo, indicativo de pergunta ou apenas o artigo), pode ser qualquer vogal. Além disso, não podemos nos iludir que para as palavras masculinas se usa a vogal *o*, como em português. Em hebraico, não é assim. A decisão sobre qual artigo segue o substantivo, se será masculino, feminino, singular ou plural, é sempre pela palavra à qual ele está ligado.

Por exemplo, a palavra *dia* é masculina em hebraico, por isso, junto a ela devemos usar o artigo masculino singular: *o dia* (הַיּוֹם). *Noite* é uma palavra feminina, por isso dizemos *a noite* (הַלַּיְלָה). *Grande*, em português, é um vocábulo neutro; porém, em hebraico, o que determinará é a terminação da palavra. Se for הַגְּדֹלָה, será traduzido como *a grande*. Porém, se for הַגָּדֹל, será *o grande*. Atenção: a vogal diferente abaixo do *hei* em cada uma das palavras é irrelevante. O que determina se é masculino ou feminino será a forma com as palavras terminam. Explicaremos isso melhor no próximo capítulo.

Em outras palavras, na tradução, quando aparecer o *hei* usado como artigo definido, acrescentamos o artigo em português (o, a, os, as). Outra dica importante: há palavras que em hebraico são masculinas, mas em português são femininas. Um exemplo disso é o vocábulo *davar* (דָּבָר), que em hebraico é masculina, porém significa *palavra* (que em português é feminina). Por isso, quando traduzirmos הַדָּבָר (*hadavar*), não pode ser *o palavra*, deve ser *a palavra*.

Outro exemplo disso é a palavra *água*. Em hebraico, sempre se encontrará no masculino plural; porém, em português, é feminina e pode ser escrita no singular ou no plural, dependendo do contexto.

3.1.3 O artigo indefinido

Diferentemente do português, o hebraico não conta com uma designação própria para mencionar a indefinição de uma palavra, como nós temos os artigos *um*, *uma*, *uns* e *umas*. Por isso, quando não ocorre o artigo definido, automaticamente ele será indefinido. A exceção é quando se tratar de nomes próprios, como veremos a seguir. Podemos observar alguns exemplos no Quadro 3.3.

Quadro 3.3 – O uso do artigo definido e indefinido

הָגְּדלָה	הָלָיְלָה	הָטוב	הָיום	הָאָרֶץ	הַמָּיִם	הָאור	הַפָּנֶה
A grande	A noite	O bom	O dia	A terra	As águas	A luz	A face
גְּדלָה	לָיְלָה	טוב	יום	אֶרֶץ	מָיִם	אור	פָּנֶה
Grande ou uma grande	Noite ou uma noite	Bom ou um bom	Dia ou um dia	Terra ou uma terra	Águas ou umas águas	Luz ou uma luz	Face ou uma face[4]

4 Quando não há o artigo definido em hebraico, a palavra sempre será indefinida. Porém, em português, é o contexto quem decidirá se usaremos apenas o substantivo, ou acrescido do artigo *um*, *uma*, *uns* ou *umas*.

1. Atividades de aprendizagem

I. No quadro a seguir, assinale as alternativas em que ocorre artigo. Algumas palavras você já conhece, outras, não. Porém, para o nosso exercício, mesmo sem conhecer o significado, é possível praticar o que temos estudado até aqui. Confira, depois, as respostas, ao final do livro.

h)	g)	f)	e)	d)	c)	b)	a)
הָאֲדָמָה	יוֹם	הַמֶּלֶךְ	אֱלֹהִים	הַיּוֹם	הַטּוֹב	בֵּין	הַדְּבָרִים

Na maioria das vezes, o *hei* é indicação da presença do artigo. Porém, lembre-se de que também há palavras iniciadas com ele e que **não são artigos**. Por exemplo:

הֶבֶל	הֲשֹׁמֵר	הַיַּבָּשָׁה
Nome próprio	O *hei* antes do verbo está iniciando uma pergunta, como em Gênesis, 4: 9.	Um tipo de verbo
Abel (vazio)	Sou um cuidador?	Foi feito

II. Preencha o que estiver faltando nos quadros a seguir.

Sem artigo	Com artigo
שָׁמַיִם	הַשָּׁמַיִם
shamaym	*hashamaym*
(Uns) céus	Os céus

Sem artigo	Com artigo
	הַיּוֹם
	O dia

אֶרֶץ	

	הָאִשָּׁה
	A mulher

(continua)

(continua)

אָדָם	
(Um) homem (no sentido de humanidade)	

אֱמֶת	
(Uma) verdade	

3.1.4 O artigo definido implícito em nomes próprios ou pronomes

Outro detalhe importante, com relação ao artigo, é que os nomes próprios **não recebem** o *hei*, indicando a presença de artigo, muito comum na língua grega. Todavia, como todo nome próprio é definido por natureza, está implícita a presença do artigo. Em português soa estranho dizer: "O aluno entregou os trabalhos para **o** Henrique, seu professor". Porém, numa tradução literal inicial, é sempre bom manter a presença do artigo em português para lembrarmos que ele existe. Em especial porque, na gramática hebraica, outras letras poderão ser acrescidas à palavra ou ao nome, ampliando o seu significado. Por isso é importante manter o artigo em nomes próprios, numa primeira tradução ao português.

Quadro 3.4 – Uso do artigo hebraico em substantivos próprios

הַשָּׂטָן	שָׂטָן	הָמִּצְרָיִם	מִצְרָיִם	בֵּית הַלֶּחֶם	בֵּית לֶחֶם
O adversário ou o inimigo	Satã ou um adversário	A terra da servidão	Egito ou umas terras de servidões[5]	A casa do pão	Belém ou uma casa de pão

Além do nome próprio, há outra situação em que o artigo se faz necessário na tradução para o português: quando o substantivo está ligado a algum pronome pessoal. A ideia é simples: se há um pronome, sabemos de quem é o objeto, logo ele deve ser definido. Por exemplo:

Quadro 3.5 – Salmos, 78: 1 – use os espaços em branco do quadro para praticar a transliteração

פִי׃	לְאִמְרֵי־	אָזְנְכֶם	הַטּוּ	תּוֹרָתִי	עַמִּי	הַאֲזִינָה	לְאָסָף	מַשְׂכִּיל
A minha boca	Para **as** palavras de	**Os** ouvidos vossos	Fazei inclinar	**A** lei minha	**O** povo meu	Fazei escutar	**Do** asafe	Um masquil[6]

5 Assim como em português, há substantivos que podem ser simples palavras ou ser usados como nome próprio. Por exemplo: cordeiro e Cordeiro; vitória ou Vitória; natalino ou Natalino. Em português, a única diferença é a caixa-alta para os nomes próprios; em hebraico há o uso do artigo para deixar claro o substantivo definido. Assim, em hebraico, הָמִּצְרָיִם se trata de um substantivo simples, acrescido do artigo, sendo traduzido como "as terras das servidões". Enquanto que apenas מִצְרָיִם, sem o artigo, pode ser um substantivo simples indefinido (umas terras de servidões), ou se tratar de um nome próprio (Terras de servidões), que, pelo contexto, sabemos que era uma palavra para se referir ao Egito. Por isso, também podemos traduzir מִצְרָיִם por "Egito".

6 *Masquil*, embora não saibamos exatamente como traduzi-lo, é usado como título de muitos salmos. Muito provavelmente se trata de uma poesia de sabedoria, cantada com o acompanhamento de instrumentos.

Observe que os artigos definidos, sinalizados em negrito na tradução, não apresentam nenhum *hei* correspondente na palavra hebraica que indique a presença do artigo, porém em hebraico não há necessidade. Pense assim: sempre que ocorre um pronome próprio, o objeto a ele pertencente acaba sendo definido, obrigatoriamente. Literalmente, temos a seguinte tradução: "Um masquil do Asafe: Fazei escutar o meu povo a minha lei, fazei inclinar os vossos ouvidos para as palavras da minha boca." Numa tradução melhorada, podemos escrever: "Masquil de Asafe: Meu povo, escutai a minha lei, inclinai os vossos ouvidos às palavras da minha boca". Na tradução da *Bíblia Almeida século 21*: "Masquil de Asafe: Meu povo, escutai meu ensino, inclinai os ouvidos às palavras da minha boca".

Note que os dois únicos *hei* (הָ) que aparecem no versículo estão no início de dois verbos (a terceira e a sexta palavras). Embora não haja nenhum *hei* sendo usado como artigo definido, na tradução são várias as palavras que recebem a definição: *o* meu povo, *a* minha lei, *os* vossos ouvidos, *as* palavras, d*a* minha boca. Isso acontece porque todos esses substantivos estão ligados a pronomes pessoais. Se sabemos a quem pertence cada coisa, certamente devemos traduzir com o artigo definido.

Também devemos notar que não há qualquer artigo junto ao nome de Asafe. Como havíamos dito, o nome próprio automaticamente carrega junto de si o artigo definido. Porém, nesse caso, há um detalhe a mais. Há uma preposição (לְ) antes do nome (significa *de*). Como ela usa um *shewa* (os pinguinhos na vertical) e não usa qualquer vogal que indicaria a presença de algum artigo, então ela, do jeito que está, indica duas possibilidades:

1. Poderia indicar que não se trata do grande Asafe, mas de um Asafe qualquer.

2. Ou, ainda, pode indicar que se trata de um masquil do Asafe, algo indefinido, um masquil qualquer e não *o* grande ou *o* único masquil escrito por ele.

Por esse motivo, nós mantivemos o artigo definido na tradução literal, *o Asafe*, por entender que ele seria apenas um, mas mantivemos o substantivo *masquil* indefinido: *um* masquil *do* Asafe.

Outro detalhe importante, do qual precisamos nos lembrar toda vez que uma preposição for adicionada a um nome próprio ou a uma palavra acoplada a um pronome pessoal: se essa preposição aparecer com o *shewa* (ְ), estará indicando que se trata de **artigo indefinido**.

Em outras palavras, podemos criar as seguintes regras, de forma simplificada:

- Quando um substantivo ou adjetivo iniciar-se com o *hei*, é quase certo se tratar de uma indicação do artigo definido.
- Quando os substantivos ou adjetivos hebraicos não apresentarem o artigo em hebraico, em português será sempre indefinido.
- Quando for um substantivo próprio, em hebraico nunca terá um artigo; porém, em português, pode ser que precisemos acrescentá-lo.
- Quando substantivos ou adjetivos vierem acompanhados de pronomes pessoais, em hebraico nunca terá artigo; porém, em português, sempre deveremos sinalizá-los.

Podemos citar como exemplos: se na expressão פִּי (literalmente, *a minha boca*) houvesse uma preposição sem vogal לְפִּי (a qual, literalmente, traduziríamos *de minha boca*, sem artigo); ou, na palavra תּוֹרָתִי (literalmente, *a minha lei*), se houvesse a mesma preposição

לְתוֹרָתִי (literalmente, *de uma lei minha*). O primeiro caso (*a minha lei*) trataria do todo, de todas as leis dadas por Deus; já o segundo exemplo, com o uso do artigo indefinido, trataria apenas de alguma lei, alguns preceitos, não de sua totalidade.

2. Atividade de aprendizagem

No quadro a seguir, há vários nomes próprios, com ou sem a preposição לְ (de). Procure, pela leitura, identificar qual nome é e se usamos ou não o artigo na tradução literal. Convém lembrarmos que, em nomes próprios, nem sempre vale nossa transliteração literal, pois se condicionou que, em português, nos nomes iniciados em hebraico com *yúde* (י) se usaria o *j*, entre outros detalhes. Para facilitar, há as referências bíblicas – mas só devemos ir a elas depois de tentar sozinhos (ao final do livro constam as respostas, mas só vá ao texto bíblico depois de praticar a leitura dos nomes):

g)	f)	e)	d)	c)	b)	a)
הָאָדָם	לְדָוד	יַעְבֵּץ	הָרוּם	לְמֹשֶׁה	חַוָּה	קַיִן
Gênesis, 4: 1	Rute, 3: 17	Gênesis, 4: 9	I Crônicas, 4: 8	Êxodo, 4: 3	Gênesis, 4: 1	Gênesis, 4: 8

3.2 O *waw* (*váve*) conjuntivo

Numa leitura rápida de qualquer texto bíblico em hebraico, é possível encontrar muitas vezes a letra *waw* (ו). Porém, na grande maioria das vezes em que ele aparece no início de uma palavra, é com a função de ***waw*** **conjuntivo** ou ***waw*** **conversivo**.

O ***waw* conversivo** é quando essa letra aparece no início de verbos, com a função de mudar o tempo verbal (veremos mais sobre isso no Capítulo 6). Por sua vez, o ***waw* conjuntivo**, como o nome já dá a entender, tem a função de *conjunção* e é usado para unir palavras ou frases. O uso do *waw* iniciando um vocábulo próprio é muito raro. No *Dicionário hebraico-português e aramaico-português* (Kirst et al., 1989), só há 11 palavras iniciadas com o *waw*.

Quando o *waw* é conjuntivo, ele pode ser traduzido por: *e*, *e então*, *então*, *mas* ou *ainda*. Ele pode também vir acompanhado por várias vogais. Se você tiver interesse em descobrir quando deve ser uma e quando deve ser outra, aconselhamos que estude algumas gramáticas. Aqui, seguindo nossa proposta, a ideia é lembrar que, independentemente da vogal que venha junto com o *waw*, se ele for a primeira letra da palavra terá grande chance de ser uma conjunção. Por exemplo, observe a palavra em destaque,nesta citação de Gênesis, 1: 1:

בְּרֵאשִׁית בָּרָא אֱלֹהִים אֵת הַשָּׁמַיִם וְאֵת הָאָרֶץ׃

Para a versão que adotamos: "No princípio, Deus criou os céus e a terra". Por sermos mais apegados a uma tradução literal, traduziríamos muito parecido: "No princípio criou Deus os céus **e** a terra" (tradução nossa). Lembre-se de que a palavra אֵת (*'et*) não tem tradução. Ela é um indicativo de objeto direto, muito importante na construção da frase em hebraico, mas, em português, na grande maioria das vezes, não se traduz. Em outras vezes, pode ser traduzida como artigo.

Vajamos mais um versículo, agora Gênesis, 1: 2:

וְהָאָרֶץ הָיְתָה תֹהוּ וָבֹהוּ וְחֹשֶׁךְ עַל־פְּנֵי תְהוֹם וְרוּחַ אֱלֹהִים
מְרַחֶפֶת עַל־פְּנֵי הַמָּיִם׃

A versão *Bíblia Almeida século 21* traz "A terra era sem forma e vazia, e havia trevas sobre a face do abismo, mas o Espírito de Deus pairava sobre a face das águas". Nós, para traduzir literalmente a conjunção inicial, optaríamos por: "**Mas** a terra era sem forma **e** vazia **e ainda** trevas (estavam) sobre a face do abismo **e** o espírito de Deus pairava sobre a face das águas" (tradução nossa).

Além do *waw* conjuntivo, podemos perceber a presença do artigo nessa citação. Voltando a Gênesis, 1: 1, o artigo precede as palavras *céus* e *terra*:

הַשָּׁמַיִם וְאֵת הָאָרֶץ׃

a terra | **e** | **os** céus

הַשָּׁמַיִם וְהָאָרֶץ׃

a terra | **e** | **os** céus

Um exemplo bíblico desse uso conjunto do artigo com o *waw* está em Gênesis, 1: 2, logo na primeira palavra. Lá, a expressão וְהָאָרֶץ é o *waw* conjuntivo + artigo + substantivo. Dessa forma, lemos "**e a terra**" (embora, em hebraico, seja uma única palavra, em português precisamos escrevê-las separadamente). Outras duas palavras nesse mesmo versículo, iniciadas com *hei*, são הַמָּיִם e הָיְתָה. A primeira, הַמָּיִם, é um artigo mais um substantivo, masculinos no plural em hebraico, com a tradução de **as águas**. Porém, a segunda (הָיְתָה) é um tipo de verbo.

3. Atividade de aprendizagem

Sinalize na frase a presença do *waw* e do artigo (só depois de tentar sozinho você poderá dar uma olhada na sua versão em português e, mais tarde, nas respostas, ao final deste livro).

a) Gênesis, 1: 4	וַיַּרְא אֱלֹהִים אֶת־הָאוֹר כִּי־טוֹב וַיַּבְדֵּל אֱלֹהִים בֵּין הָאוֹר וּבֵין הַחֹשֶׁךְ׃
b) Gênesis, 1: 23	וַיְהִי־עֶרֶב וַיְהִי־בֹקֶר יוֹם חֲמִישִׁי׃
c) Gênesis, 2: 1	וַיְכֻלּוּ הַשָּׁמַיִם וְהָאָרֶץ וְכָל־צְבָאָם׃

3.3 Preposições que acompanham os substantivos

No vernáculo dos hebreus também é muito comum o uso de algumas preposições unidas ao substantivo ou adjetivo. Isso se dá por causa daquela regra que prescreve que nenhuma consoante fique sozinha numa frase. Há, basicamente, quatro formas de preposições inseparáveis ou prefixadas, que sempre aparecem ligadas à palavra. Vejamos quais são elas, em ordem alfabética, no quadro a seguir (observe também que algumas delas são conjunções em português).

Quadro 3.6 – Possíveis traduções para as preposições inseparáveis

Preposição	Principais traduções
בְּ	Em, por, com, dentro, entre, na qualidade de, em companhia de, junto com.
כְּ	Como, conforme, tanto quanto, segundo, cerca de.
לְ	De (direção ou posse), para, em direção a, com o objetivo de, por causa de.
מִ	De (origem, lugar).

Elas sempre aparecem dessa forma antes da palavra. Se a palavra contar com algum artigo, então o *hei* (considerado uma letra fraca) não é escrito, permanecendo apenas a vogal embaixo da preposição.

Vamos, agora, a exemplos de uso sem artigo. A palavra דָּבָר (*davar*) pode significar *palavra, assunto, dito, conversa, caso, coisa, questão*. Em hebraico moderno, o uso mais comum é como *coisa*, enquanto nos textos bíblicos o principal seria *palavra*, como já dissemos. Todavia, há todas essas possibilidades, como possíveis significados. Como ela está sem artigo, significa que é indefinida. A expressão *uma palavra*, com as preposições que citamos, ficaria como no Quadro 3.7.

Quadro 3.7 – Exemplo de utilização das preposições inseparáveis

בְּדָבָר	Em (uma)[7] palavra Por (uma) palavra (dependendo do contexto, pela palavra) Com (uma) palavra Junto com (uma) palavra
כְּדָבָר	Conforme (uma) palavra Como (uma) palavra Segundo (uma) palavra Cerca de (uma) palavra
לְדָבָר	De (uma) palavra Para (uma) palavra Por causa de (uma) palavra
מִדָּבָר	De (uma) palavra

7 Lembre-se que, por ser um substantivo indefinido em hebraico, em português será o contexto quem irá determinar se o indefinido ***uma*** deverá aparecer ou não.

Nesse quadro, talvez não tenha ficado clara a diferença entre as preposições לְ e מִ. Uma dica que ajuda bastante é imaginar a primeira como relacionada a direção ou posse e a segunda a origem. Por exemplo:

מִזְמוֹר לְאָסָף׃ (Salmos, 70: 2a)

"Salmo de Asafe" (Bíblia, 2014. Salmos, 73). Nossa tradução: "Um salmo **de** Asafe" ou "um salmo **para** Asafe".

Só devemos tomar cuidado com o *mi* de *mizmor*; ele faz parte da raiz da palavra. Não é preposição. Confira:

וּמֵעוֹלָם עַד־עוֹלָם אַתָּה אֵל׃ (Salmos, 90: 2c)

"[...], sim, de eternidade a eternidade, tu és Deus". Nossa tradução: "E **de** eternidade até a eternidade tu (és) Deus."

אִישׁ מִבֵּית לֶחֶם יְהוּדָה׃ (Rute, 1: 2b)

Nossa tradução seria a mesma apresentada na tradução de Bíblia (2014): Um homem **de** Belém de Judá. (literalmente, seria "um homem **da** casa de pão de Judá").

Sobre os exemplos de uso com o artigo, devemos lembrar que, se uma palavra isolada deve apresentar artigo definido, sua primeira letra será um *hei*, acrescido de alguma vogal. Por exemplo:

הָאִישׁ וְהַבַּיִת וְהָאָרֶץ = "O homem e a casa e a terra."

Como o *hei* é considerado uma letra fraca, quando alguma preposição se junta à palavra, ela some, ficando apenas a vogal. Voltando ao exemplo:

כְּאִישׁ בְּבֵית הָאָרֶץ = Conforme o homem, na casa da terra.

3.4 Preposições isoladas

Além dessas quatro preposições inseparáveis, há algumas que ficam separadas da palavra. São as **preposições isoladas**. Isso ocorre porque elas apresentam duas ou mais consoantes. São elas:

Quadro 3.8 – Possíveis traduções para as preposições isoladas

Preposição	Possíveis significados
אֶל	Para, em direção a, até, contra, para dentro de, no tocante a.
מִן	De (origem). É a mesma preposição מִ. A única diferença é que ela pode ser independente, ou aparecer prefixada à palavra.
עַל	Sobre, acima de, em cima de, apesar de, em vistas a.

O exemplo é novamente de Gênesis, 1: 2:

וְחֹשֶׁךְ עַל־פְּנֵי תְהוֹם וְרוּחַ אֱלֹהִים מְרַחֶפֶת עַל־פְּנֵי הַמָּיִם׃

A tradução de Bíblia (2014): "e havia trevas sobre a face do abismo, mas o Espírito de Deus pairava sobre a face das águas".

Em tradução literal: "E trevas (estavam) **sobre** a face do abismo e o espírito de Deus pairava **sobre** a face das águas".

4. Atividades de aprendizagem

I. No texto de Isaías, 18: 2, a seguir, há a presença de várias preposições. Vá treinando a leitura e, ao mesmo tempo, procure destacá-las (após tentar várias vezes, você poderá conferir as respostas ao final deste livro). A tradução de Bíblia (2014) também estará lá.

מַיִם	פְּנֵי	עַל	גֹמֶא	וּבִכְלֵי	צִירִים	בַּיָּם	הַשֹּׁלֵחַ
das águas	as faces	sobre	de papiro	e embarcações[8]	mensageiros	pelo mar	(Ele) envia

אֶל־עַם	וּמוֹרָט	מְמֻשָּׁךְ	אֶל־גּוֹי	קַלִּים	מַלְאָכִים	לְכוּ
para um povo	e polido (bronzeado)	alto	para um povo	rápidos	mensageiros	ide

וָהָלְאָה	מִן־הוּא	נוֹרָא
e em diante	desde ele	terrível

אַרְצוֹ׃	נְהָרִים	בָּזְאוּ	אֲשֶׁר	וּמְבוּסָה	קַו־קָו	גּוֹי
a terra dele	dos rios	(é) dividido pelas águas	que, qual, cujo	e de pisoteio	de chacota[9]	um povo

II. Para ir se acostumando ao pensamento hebraico, diferente do nosso, procure reestruturar a escrita do versículo (Isaías, 18: 2) em português mais próximo à realidade. O versículo foi dividido em **três partes**, para facilitar melhor a compreensão de sua ideia. O primeiro quadro corresponde à primeira parte do verso, os dois próximos equivalem à segunda parte e o terceiro quadro equivale à parte final do versículo. **Atenção**: primeiramente,

8 Aqui o *waw* conjuntivo, traduzido como **e**, também poderia ser utilizado como **com**.

9 Literalmente, *qav* é um cordão ou uma linha de medição. Todavia, também é utilizado como chacota, em especial para zombar de um profeta quando entrava em êxtase.

tente reorganizar as frases, sozinho, procurando usar a sequência mais simples: sujeito + verbo + predicado. Depois de algum tempo tentando, você poderá buscar ajuda em alguma versão bíblica (de preferência a versão que indicamos em Bíblia, 2014). Apenas ao fim olhe as respostas ao final deste livro.

3.5 Frases nominativas

Assim como o grego, o hebraico em alguns casos **omite os verbos**. Em especial quando se trata dos verbos *ser* ou *estar* no presente, ou seja, quando os verbos *ser* ou *estar* estiverem sendo usados nos tempos que concebemos como *passado* e *futuro*, em hebraico eles devem ser escritos da forma adequada. Porém, se estiver no presente, ele simplesmente não é mencionado. Não existe uma forma para ele. Por exemplo (as traduções, na terceira linha dos exemplos, são nossas, não fazem parte da versão oficial que citamos):

a) Uso dos verbos ser e estar no passado:

(Gênesis, 1: 2)	וָבֹהוּ׃	תֹהוּ	הָיְתָה	וְהָאָרֶץ
	e vazia	sem forma	era ou estava	e a terra
E a terra era (ou estava) sem forma e vazia.				

b) Omissão dos verbos ser e estar no presente:

	וָבֹהוּ׃	תֹהוּ	וְהָאָרֶץ
	e vazia	sem forma	e a terra
E a terra é (ou está) sem forma e vazia.			

Outros exemplos:

(Gênesis, 1: 10c)	טוֹב׃		כִּי	אֱלֹהִים	וַיַּרְא
	bom	(tudo) é ou está	verdadeiramente	Deus	e viu

E viu Deus que tudo é bom.

(Gênesis, 1: 10c)	טוֹב׃	כִּי	הָיְתָה	אֱלֹהִים	וַיַּרְא
	bom	verdadeiramente	(tudo) era ou estava	Deus	e viu

E viu Deus que tudo era (ou estava) bom.

(Salmos, 23: 1)	רֹעִי׃		יְהוָה
	o meu pastor	é	Yahwé (ou o Senhor)

O senhor é o meu pastor.

5. Atividade de aprendizagem

Monte as frases, acrescentando, em português, os verbos ser/estar no presente, quando necessário. Só olhe as respostas, ao final do livro, após tentar responder sozinho.

(Isaías, 6: 3)	צְבָאוֹת׃	יְהוָה	קָדוֹשׁ	קָדוֹשׁ	קָדוֹשׁ
	dos exércitos	Yavé	Santo	Santo	Santo

(Isaías, 6: 5)	טָמֵא׃	עַם	וּבְתוֹךְ	אָנֹכִי
	pecador	um povo	entre	eu

(continua)

(conclusão)

(frase criada)	הָאָרֶץ׃	בְּכָל	גָּדוֹל	אֱלֹהִים	יְהוָה	הוּא	כִּי
	a terra	em toda	grande	Deus	Yavéh	ele	porque

3.6 O estado construto e o absoluto (inserção lexical)

Em hebraico, um substantivo pode se apresentar, dentro da língua escrita ou falada, em dois estados, um chamado *absoluto* e o outro, *construto*.

O **estado absoluto** é o estado puro dos substantivos, como eles são nomeados e também como os achamos nos dicionários. O que as gramáticas hebraicas dizem é que esse é o estado da palavra independentemente de sua relação com outros substantivos.

Já o **estado construto** é um pouco mais complexo, porque não há em língua portuguesa qualquer categoria gramatical correspondente. No entanto, podemos dizer que ele se dá quando se estabelece uma relação de junção de dois (por vezes três, ou até quatro, mais raramente) substantivos dentro de uma frase. Assim, *estado construto* é o nome que procura descrever a relação existente entre dois ou mais substantivos ou adjetivos, quando eles estão próximos. Podemos afirmar que a relação que se estabelece entre os substantivos nesse estado é, em geral, de posse ou de dependência, parecida com a declinação dos substantivos no caso genitivo, em latim. O último substantivo da sequência deve ficar no estado absoluto (ele determina o número e gênero dos demais), enquanto os que o precedem assumem a forma de construto. Portanto, o último substantivo ou adjetivo da inserção é usado no absoluto porque ele é quem dará a característica aos demais. Assim, os demais são usados em seu estado construto, porque seu gênero e seu número dependerão do absoluto.

Na tradução dessas sequências para o português, embora oficialmente não exista nada em nosso idioma sequer parecido com esse uso gramatical em hebraico, devemos traduzir por algo próximo do que fazemos quando usamos o substantivo em relação de posse ou dependência em locuções compostas de nomes: *bolo de fubá, bolo de noiva, dente de alho, chinelo de dedo, lua de mel*. Podemos ver que todas essas expressões contêm relações que, em português, são dadas pelos muitos valores da preposição *de*. Em português, a preposição *de* é usada como padrão, para designar o material de que algo é feito (*bolo de fubá*), para designar uma classificação de certo objeto (*chinelo de dedo*), para destacar a pertença da parte em relação ao todo (*dente de alho*) e, ainda, em outras vezes, para nomear a ocasião em que o objeto será usado (*bolo de noiva*).

Às vezes, em português, a segunda palavra define a matéria da qual é feito o substantivo composto (*dente de alho* = dente feito de alho), em outras ocasiões a primeira palavra é que é usada para definir as características, o tipo daquilo que queremos apontar (*chinelo de dedo*). Em hebraico, a língua tem as mesmas necessidades expressivas, porém não ocorre a preposição *de* – e sempre será a **segunda palavra**, chamada de *absoluto*, que passa a exercer a regência da concordância sobre a primeira. O construto também é usado, algumas vezes, para agrupar as palavras em sintagmas nominais, podendo ser livres ou compostos. Por exemplo: escada de madeira de lei. Em hebraico seria apenas *escada madeira lei*.

Confira estes exemplos:

הָאָדָם׃	וּבְנוֹת	שָׂרוֹת	בְּנֵי
o homem	e filhas de	princesas	filhos de

Uns filhos de princesas e as filhas do homem.

הָאֶבֶן׃	לֻחֹת
a pedra	tábuas de

As tábuas de pedra.

אֶבֶן׃	לֻחֹת
pedra	tábuas de

Umas tábuas de pedra.

הָאֹהֶל׃	פֶּתַח
a tenda	entrada de

A entrada da tenda.

הָעִיר׃	בְּפֶתַח		הָאֹהֶל
a cidade	em entrada de	está	a tenda

A tenda está na entrada da cidade.

יְהוּדָה׃	אֶרֶץ	מַלְכֵי	הֵיכַל	דַּלְתוֹת
Judá	terra de	reis de	templo de	portas de

As portas do templo dos reis de Judá.

Como esses dois estados dos substantivos mostram a relação entre palavra, o **construto** sempre aparecerá por primeiro. O substantivo que estiver no estado absoluto, como o próprio nome pode sugerir, fica sempre inalterado, mas a palavra que estiver no construto poderá, às vezes, sofrer pequenas alterações.

Esse tema será visto no próximo capítulo. Embora seja um conectivo, é mais fácil exemplificar depois que aprendermos sobre os gêneros e o número dos substantivos.

Atividades de autoavaliação

1. Responda V para a frase verdadeira e F para a falsa.
   ( ) O artigo definido, em hebraico, é representado pela letra *hei*, que vai acoplada à palavra.
   ( ) A posição do artigo indefinido, em hebraico, é sempre determinada pelo tipo de verbo encontrado na frase.
   ( ) Sempre que houver um *hei* no início de qualquer palavra, na tradução em português, é necessário acrescentar um artigo definido.
   ( ) Embora o hebraico não use o artigo no início de nomes próprios, estes são considerados substantivos definidos.
   ( ) As preposições מ e ל, כ, ב são chamadas *inseparáveis* porque sempre aparecem juntas, no mesmo versículo.

   Agora, marque a alternativa que assinala a sequência correta:

   a) V, F, F, V, F.
   b) V, V, F, V, F.
   c) F, F, F, V, V.
   d) V, F, V, F, V.

2. Com base nas palavras memorizadas no Capítulo 2, traduza as seguintes frases:

הָבַּת עַם חָכָם בְּרָכָה אֱלֹהִים׃	הִנֵּה לֵבָב הָמֶלֶךְ בִּיהוּדָה׃
a) ______________________	b) ______________________
______________________	______________________
______________________	______________________
______________________	______________________

3. Por que a tradução da frase יִשְׂרָאֵל וִיהוּדָה לִפְנֵי אֲדֹנָי יְהוִה׃ não pode ser: “Judá é maior que Israel por estar na presença de Javé, o senhor”?

4. Por que a frase אִשָּׁה לְמוּאֵל מַלְכָּה טוֹבָה׃ não pode ser traduzida como “uma das mulheres de Lemuel é a rainha boa”?

capítulo quatro

Substantivos, adjetivos, numerais e pronomes[1]

1 Todas as citações a livros bíblicos em português, neste capítulo, se referem a Bíblia (2014), quando não especificada outra versão.

04

Assim como em português, em hebraico ocorrem as categorias gramaticais **substantivos**, **adjetivos**, **numerais** e **pronomes**. Seu uso é um pouco diferente do da nossa língua, na qual ocorrem substantivos e adjetivos neutros; em hebraico isso nunca ocorre, pois essas categorias sempre serão usadas no gênero masculino ou feminino. Quanto aos adjetivos, em hebraico eles apresentam uma forma própria para indicar o diminutivo e o aumentativo, pois a língua não tem a opção de terminações como *-ão* e *-inho*, tão comuns em português.

Sobre os pronomes, os pessoais (*eu, tu, ele*), os demonstrativos (*este, esse*) e os interrogativos (*qual, que, quem* ou *quanto*) são similares ao português, no que diz respeito ao uso e significado. Por sua vez, os pronomes possessivos (*meu, teu, dele*) apresentam a peculiaridade de se juntar à raiz do substantivo ao qual pertencem, e são chamados de *sufixos pronominais*, por aparecerem ao final da palavra. Os pronomes demonstrativos (aquele, aquela) são determinados pelo contexto, pois em hebraico são usados os pronomes pessoais na terceira pessoa (*ele, ela, eles* ou *elas*) em seu lugar.

Quanto aos numerais, não existe uma forma escrita para os cardinais (1, 2, 3, 4, 5...), o que é invenção bem recente na língua judaica. Em hebraico há dois tipos de se fazer menção a eles: por extenso, pelo nome (um, dois, três...); ou pelo uso das consoantes, num sistema parecido com o dos numerais romanos. Todas as consoantes hebraicas têm uma correspondente numérica. Na combinação dessas consoantes é que se indica o número ao qual se quer referir.

4.1 O gênero e o número dos substantivos

Como você já deve saber, quando falamos em **gênero dos substantivos**, nós nos referimos às palavras consideradas **masculinas** ou **femininas**. Com relação ao **número** dos substantivos, veremos como eles ficam escritos no **singular** ou no **plural**.

Em português, geralmente falamos na seguinte sequência: masculino e feminino singular e masculino e feminino plural. Porém, para um melhor entendimento de como isso funciona em hebraico, inverteremos a sequência: veremos primeiramente os substantivos femininos no singular e no plural; depois, os substantivos masculinos no plural para, então, serem vistos os substantivos masculinos no singular. Confira como assim é mais interessante nos detalhes a seguir.

4.1.1 Os substantivos femininos no singular

Há, em hebraico, duas formas distintas de uma palavra feminina terminar: com *hei* + *qamets* (ָה) ou com *táu* (ת). São exemplos de palavras femininas em hebraico, mesmo que em português elas não o sejam:

תּוֹלֵד	צְדָקָה	תּוֹרָה	סוּסָה	מֵת	אֲדָמָה	בְּהֵמָה	תַּחַת
Geração	Justiça	Lei	Égua	Macho	Terra	Gado	Submissão

Observe que as palavras a seguir terminam em *hei*. Porém, como esse *hei* não está associado ao *qamets* ou apresenta um ponto no meio, elas são palavras masculinas.

רוּחַ	יָרָה	סוּסָהּ	הִנֵּה	אֵמְחֶה	מִשְׁתֶּה	זֶה	שָׂדֶה
Espírito[2]	Ele lança[3]	O cavalo dela[4]	Eis que	Abominação	Banquete	Este	Campo

Não há muito segredo. Assim como em português a letra *a* indica o feminino singular, em hebraico a aparição do *hei* + *qamets* (ָה) ou do *táu* (ת) como última letra da palavra é indicativo de feminino singular. Quando virmos todas as demais terminações, ficará mais fácil essa percepção.

2 Perceba que a palavra não termina em *hei*, mas com *het*. Por isso, é uma palavra masculina.

3 Embora mantenha a regra *hei + qamets gadol*, aqui é um **verbo**. Seu uso nessa forma ocorre tão pouco que não deve preocupá-lo.

4 O ponto no meio do *hei* é um sufixo pronominal, indicando que o cavalo é masculino, mas a dona do cavalo é uma mulher. Veremos isso um pouco melhor, mais adiante neste livro.

4.1.2 Os substantivos femininos no plural

Para o **plural feminino**, só há uma terminação, וֹת. Quando a terminação singular é em *hei* + *qamets gadol*, ambos saem para a entrada da sequência *waw* + *táu*. Porém, quando a palavra feminina já é terminada em *táu*, às vezes acrescenta-se o *waw* e o *táu*, às vezes apenas o *táu*. Isso ocorre porque o *waw* é considerado uma consoante fraca e, por isso, pode ser que em algumas palavras possa ser suprimido (como no último exemplo do quadro a seguir).

A mesma regra que usamos em português serve para o hebraico: a palavra que é feminina no singular também o será no plural. Usando as mesmas palavras que já conhecemos como feminino singular, acrescentaremos a terminação do plural:

תּוֹלְדָה	צְדָקָה	סוּסָה	מֵת	אֲדָמָה	בְּהֵמָה	תּוֹרָה	תַּחַת
Geração	Justiça	Égua	Macho	Terra	Gado	Lei	Submissão
תּוֹלְדֹת	צְדָקוֹת	סוּסוֹת	מֵתוֹת	אֲדָמוֹת	בְּהֵמוֹת	תּוֹרוֹת	תַּחְתּוֹת
Gerações	Justiças	Éguas[5]	Machos	Terras	Gados	Leis	Submissões

Lembre-se: se a palavra terminar com (וֹת), indica que o termo está no feminino plural.

5 Nesse quadro de palavras femininas, coincidentemente, apenas a palavra *égua* tem sua correspondente masculina, em hebraico. Ali, de forma bem simples, basta tirar o sinal que a identifica como feminino que, automaticamente, passa a ser um substantivo masculino. Por exemplo: enquanto סוּסָה é *égua*, סוּס é *cavalo*. Outro exemplo não citado no quadro: אִשָּׁה é *mulher* e אִישׁ é *homem*.

4.1.3 Os substantivos masculinos no plural

Para o **plural masculino** há uma forma básica, com a possibilidade de uma variação. Toda as palavras terminadas em *yúde* + *mem* (ים) são plurais masculinos. Por exemplo:

מְלָכִים	בָּנִים	שָׁנִים	יָמִים	כּוֹכָבִים	אֱלֹהִים	מַיִם	שָׁמַיִם
Reis	Filhos	Anos	Dias	Estrelas	Deus ou deuses	Águas	Céus

Recapitulando o que já vimos até aqui: na palavra אָנָה, podemos até não saber o significado, mas sabemos que é uma palavra feminina e que está no singular. Por quê? Por causa da terminação em *hei* antecedida com o *qamets gadol*.

De igual modo, embora ainda não tenhamos condições de saber o significado da palavra טְבָחִים, sabemos que ela é uma palavra masculina e está no plural. Como? Por causa de sua terminação, em ים. Quais são o número e o gênero da palavra צְבָאוֹת? Não se preocupe com o seu significado, por enquanto. Ela está no plural e é uma palavra feminina. Como sabemos disso? Pela terminação, em וֹת.

4.1.4 Os substantivos masculinos no singular

Embora, em hebraico, tenhamos duas formas clássicas de se mencionar se a palavra é *feminina*, isso não acontece com o *masculino*. Em português, basta a palavra terminar com a vogal *o* que sabemos quase sempre tratar-se de palavra masculina. Em hebraico, porém, todas as outras terminações que não forem femininas (*hei* + *qamets gadol* [ָה] ou *táu* [ת]), não forem plural masculino (ים) nem plural feminino (וֹת) são indicações de palavras masculinas.

Vamos conferir estes exemplos:

מְלָכִים	בָּנִים	חֲדָשִׁים	יָמִים	כּוֹכָבִים	אֱלֹהִים	מַיִם	שָׁמַיִם
Reis	Filhos	Novos	Dias	Estrelas	Deus ou deuses	Águas	Céus

מֶלֶךְ	בֵּן	חָדָשׁ	יוֹם	כּוֹכָב	Para estas três palavras em hebraico, não há correspondente no singular. É o contexto, em português, que nos permitirá decidir se as usaremos no singular ou no plural.
Rei	Filho	Novo	Dia	Estrela	

Como pudemos observar, cada gênero ou número de palavra tem uma terminação diferente. Há muitas outras terminações possíveis. Basicamente, qualquer uma que for diferente das terminações do feminino (singular e plural) e do masculino plural.

Vejamos outros exemplos:

הֵיכָל	עֵץ	אַף	אָב	אִישׁ	הוּא	שַׂר	בֶּרַע
Palácio, templo	Árvore, madeiro	Nariz	Pai	Homem	Ele	Príncipe	Nome próprio masculino

4.1.5 Resumo sobre gênero e número dos substantivos

Para melhor fixar o que estudamos até aqui, seguem alguns quadros, resumindo e exemplificando o que já falamos.

Quadro 4.1 – Resumo das terminações relacionadas ao número e a gêneros dos substantivos

Gênero/ Número	Terminação e exemplos	Terminação e exemplos
Masculino	Pode terminar com qualquer letra, por exemplo: סוּס (*cavalo*[6])	Termina com ים. Por exemplo: סוּסִים (*cavalos*).
Feminino	Termina com (ָה) ou com *táu* (ת), nunca na mesma raiz. Por exemplo: סוּסָה (*égua*) e תַּחַת (*submissão*).	Termina com וֹת. Por exemplo: סוּסוֹת (*éguas*) e תַּחְתּוֹת (*submissões*).

Vamos observar, a seguir, mais alguns exemplos em comparação.

Quadro 4.2 – Exemplos de gênero e número dos substantivos

Gênero/Número	Singular	Plural
Masculino	שַׂר (príncipe)	שָׂרִים (príncipes)
Feminino	שָׂרָה (princesa)	שָׂרוֹת (princesas)
Masculino	מֶלֶךְ (rei)	מְלָכִים (reis)
Feminino	מַלְכָּה (rainha)	מְלָכוֹת (rainhas)
Masculino	דָּבָר (palavra, lei)	דְּבָרִים (palavras, leis)
Feminino	תּוֹרָה (lei)	תּוֹרוֹת (leis)

6 Lembramos que, como não há a presença do artigo definido em hebraico, em português as palavras aqui empregadas podem ser traduzidas como *cavalo* ou *um cavalo*, *égua* ou *uma égua*, *submissão* ou *uma submissão*, *cavalos* ou *uns cavalos*, *éguas* ou *umas éguas*, *submissões* ou *umas submissões*. Procuramos utilizar, neste quadro, apenas o substantivo sem o artigo indefinido, para uma melhor visualização.

Observações: Perceba que, para a palavra *príncipe* e suas desinências, não há qualquer alteração no radical; as únicas coisas que mudam são as terminações. Já para o radical da palavra *rei*, todas elas apresentam transformação tanto nas consoantes quanto nas vogais, além das terminações já esperadas. E, ainda, observe que, pelo exemplo dado com *lei* e *palavra* (que, dependendo do contexto, pode se referir à *lei*, como *palavra de Deus*), há palavras que são só masculinas (singular e plural) e há outras nas quais só há a declinação no feminino (singular e plural).

Como em toda língua, em hebraico também há algumas **exceções**. Por exemplo:

Quadro 4.3 – Exemplos de exceções nas terminações de gênero e número

Singular	Plural
אָב (pai)	אָבוֹת (pais)
Palavra masculina, com terminação masculina.	Embora tenha terminação de plural feminino, continua sendo masculina.
אֵם (mãe)	אִמּוֹת (mães)
Palavra feminina, embora tenha terminação masculina.	Plural feminino, com terminação feminina.
שָׁנָה (ano)	שָׁנִים (anos)
É uma palavra feminina, com terminação feminina.	Embora tenha terminação de plural masculino, continua sendo feminina.
בֵּן (filho)	בָּנִים (filhos)
É masculino singular, com terminação masculina.	É masculino plural, com terminação masculina.
בַּת (filha)	בָּנוֹת (filhas)
É feminino singular, com terminação feminina. Porém, ignora a raiz do masculino singular.	É feminino plural, com terminação feminina, mas usa a raiz do singular masculino (*ben*).

Agora, é sua vez de praticar!

Preencha o quadro da atividade a seguir, sem se preocupar com possíveis mudanças na estrutura das vogais. O mais importante é procurar gravar as diferenças nas terminações, entre **masculino** e **feminino** e entre **singular** e **plural**.

Tente sozinho, primeiramente, se necessário observando os exemplos anteriores, ao longo do capítulo. Somente depois de gastar energia é que você pode consultar as respostas.

1. Atividade de aprendizagem

Preencha as informações faltantes no quadro a seguir

Palavra	Feminino plural	Feminino singular	Masculino plural	Masculino singular
Boi/vaca	פָּרוֹת	פָּרָה	פָּרִים	פַּר
	Vacas	Vaca	Bois	Boi
Menino(a)	יְלָדוֹת			יֶלֶד
	Meninas	Menina	Meninos	Menino
Príncipe/ princesa		שָׂרָה		
Homem/ mulher	אִישׁוֹת			
Cavalo/égua			סוּסִים	
Jovem		נַעֲרָה		

(continua)

(conclusão)

Palavra	Feminino plural	Feminino singular	Masculino plural	Masculino singular
Lei		תּוֹרָה	Não há correspondente no masculino.	
Porta	דְּלָתוֹת		Não há correspondente no masculino.	
Caminho	Não há correspondente no feminino.			דֶּרֶךְ

4.1.6 Terminações do construto

Como vimos anteriormente, ao final do capítulo anterior, há um tipo de *declinação* nos substantivos em hebraico que não existe em português, a qual é chamada de ***estado construto*** e ***estado absoluto***. Quando o substantivo ou adjetivo estiver no absoluto, não sofre qualquer alteração. Mas o construto, dependendo da palavra, pode ter alteração em suas vogais, nas consoantes consideradas fracas e, principalmente, nas terminações.

Vejamos os detalhes a seguir:

1. As terminações do construto, quando no masculino singular, não sofrem qualquer alteração. Por exemplo, se queremos nos referir ao "cavalo de Davi", simplesmente escrevemos: סוּס דָּוִד – literalmente "o cavalo do Davi". Lembramos que, por ser um nome próprio, automaticamente ele carrega o artigo definido. Se for "um cavalo qualquer", então acrescentamos a preposição ao nome *Davi*: סוּס לְדָוִד – traduzimos por "um cavalo de Davi". Numa tradução melhorada, podemos dizer "o cavalo de Davi". Outro exemplo, desta vez com três palavras: פְּתֹר הֵיכַל יְהוָה – traduzimos como "a maçaneta do templo do Senhor", porque

como *o Senhor* é definido, ele empresta o seu artigo embutido ao *templo* e à *sua maçaneta*.

2. As terminações do construto, quando no **masculino plural**, mudam a terminação (ים) por (ֵי). Por exemplo, para escrever sobre "os cavalos de Davi", não se escreve סוּסִים דָּוִד, mas sim סוּסֵי דָּוִד. Outro exemplo: פִּתְרֵי הֵיכַל יְהוָה – este se traduz como "as maçanetas do templo do Senhor", enquanto פִּתְרֵי הֵיכְלֵי יְהוָה se traduz como "as maçanetas dos templos do Senhor" (esse é um exemplo fictício, apenas para podermos perceber a diferença no substantivo do meio, entre o singular e plural). Mais um exemplo: נַעֲרֵי בְּנֵי יִשְׂרָאֵל – literalmente, "os jovens dos filhos de Israel"; dependendo do contexto, pode ser traduzido somente como *os jovens de Israel* ou *os jovens israelitas*.
   a) As terminações do construto, quando estiverem no **feminino plural**, não sofrem qualquer alteração. Por exemplo: éguas é סוּסוֹת e Davi se escreve דָּוִד. No construto absoluto, as palavras simplesmente aparecerão juntas: סוּסוֹת דָּוִד ("as éguas do Davi"). Ou, ainda, *Jerusalém* se escreve יְרוּשָׁלַם e *portas*, דְּלָתוֹת. Para designar "as portas de Jerusalém", simplesmente aparecem unidas: דַּלְתוֹת יְרוּשָׁלַם ("as portas da Jerusalém").
   b) As terminações do construto, quando estiverem no **feminino singular**, se forem baseadas no *hei*, mudarão para *táu*. Porém, se já estiverem no *táu*, às vezes mudarão alguma vogal. Por exemplo, *égua*, em hebraico, é סוּסָה; se queremos dizer que ela pertence a Davi, muda-se o *hei* pelo *táu*, ficando סוּסַת דָּוִד ("a égua do Davi"). *Lei* é תּוֹרָה; se queremos dizer que "a lei é do Senhor", da mesma forma, só alteramos a terminação do construto: תּוֹרַת אֱלֹהִים ("a lei do Deus" ou "uma lei de um deus"). Porém, se quisermos dizer que "a casa é de Davi", como *casa* já termina com o *táu*, então só mudará

a vogal. *Casa* se escreve בַּיִת, mas quando constar em construto, ficará בֵּית דָּוִד ("a casa do Davi").

Para enfatizar as diferenças vistas até aqui, vamos fazer um resumo, a seguir.

Quadro 4.4 – Resumo sobre gênero e número dos substantivos

Gênero	Singular	Plural	Construto singular	Construto plural	Absoluto
Masculino	Termina com várias consoantes.	Termina com ים.	Mantém a mesma terminação, não muda.	A terminação ים muda para ֵי	Nunca muda.
Feminino	Termina com ָה ou com ת.	Termina com וֹת.	Quando a palavra termina em ת, não muda, mas quando termina em ָה muda para ת.	A terminação וֹת continua, sem mudanças.	

Agora que já sabemos como os substantivos terminam, dependendo de seu gênero e número, vamos conhecer as mudanças que sofrem os adjetivos. O interessante é que eles seguem o padrão dos substantivos, como na noção gramatical de *nome*, que reúne essas duas classes de palavras.

4.2 Os adjetivos e suas formas

Os adjetivos são palavras que dão qualidade ou descrevem características dos substantivos. Seu uso em hebraico é exatamente igual ao da nossa língua portuguesa. Eles também demonstrarão distinção entre masculino e feminino, singular e plural, mas seguem todas as formas peculiares presentes nos substantivos.

Por exemplo:

Quadro 4.5 – Terminações de gênero e número dos adjetivos

Adjetivo feminino plural	**Adjetivo feminino singular**	**Adjetivo masculino plural**	**Adjetivo masculino singular**
טוֹבוֹת	טוֹבָה	טוֹבִים	טוֹב
Boas	Boa	Bons	Bom
גְּדֹלוֹת	גְּדֹלָה	גְּדֹלִים	גָּדוֹל
(Umas) grandes	(Uma) grande	(Uns) grandes	(Um) grande
קְטַנּוֹת	קְטַנָּה	קְטַנִּים	קָטָן
Pequenas	Pequena	Pequenos	Pequeno
חֲכָמוֹת	חֲכָמָה	חֲכָמִים	חָכָם
Sábias	Sábia	Sábios	Sábio
אִוֶּלְתוֹת	אִוֶּלֶת	אֱוִלִים	אֱוִיל
Tolas	Tola	Tolos	Tolo
Não há correspondente deste radical no feminino, em hebraico. Este radical indica *quem tem* a felicidade.		אַשְׁרִים	אֶשֶׁר
		Felizes/felizardos	Feliz/felizardo

מְנוּחוֹת	מְנוּחָה	Não há correspondente deste radical no masculino, em hebraico. Neste radical, *feliz* é a pessoa que encontra tranquilidade.
Felizardas/ tranquilas	Felizarda/ tranquila	

Embora as terminações de masculino/feminino e singular/plural sigam o mesmo esquema utilizado pelos substantivos, em hebraico há um posicionamento específico para indicar os dois tipos de adjetivos: **atributivo** (quando dá qualidade ao substantivo) ou **predicativo** (quando serve de predicado ao substantivo, utilizando-se a conjugação do verbo *ser/estar*). Veremos mais detalhes sobre os tipos de adjetivos nas seções a seguir.

4.2.1 Adjetivo atributivo sem artigo

Quando o autor bíblico queria fazer referência a uma montanha *grande*, ele usava as duas palavras: הַר (*monte/montanha*) e גָּדוֹל (*grande*).

Se for usada a função atributiva, ficará הַר גָּדוֹל (o substantivo sempre aparece em primeiro lugar). Como não há artigo, então deveremos traduzir como "montanha grande, grande montanha, uma montanha grande", ou ainda "uma grande montanha".

Perceba que em português há quatro formas para escrever o substantivo adjetivado. Em hebraico, porém, só há uma forma: primeiro consta o substantivo e, depois, o adjetivo.

4.2.2 Adjetivo atributivo com artigo

Se o autor bíblico quisesse fazer referência a "uma montanha grande específica", além dessas duas palavras ele faria também o uso do artigo: הָהָר (*o monte/a montanha*) e הַגָּדוֹל (*o/a grande*). Com a presença do artigo em הָהָר הַגָּדוֹל, literalmente teríamos "o grande o monte", ou "o monte o grande". Porém, devemos escrever em português correto: "o grande monte" ou "o monte grande".

Observe que, em hebraico, quando se utilizar a função atributiva no adjetivo definido, **sempre se usarão dois artigos**: um para o substantivo e outro para o adjetivo. E sempre nesta sequência: **artigo + substantivo + artigo + adjetivo**.

Vejamos outros exemplos, a seguir, com e sem o artigo. Perceba que a declinação dos adjetivos segue a dos substantivos; ou seja, se um é masculino singular, o outro também será assim.

Quadro 4.6 – Substantivos e adjetivos com seus gêneros e números

Feminino plural	**Feminino singular**	**Masculino plural**	**Masculino singular**
שָׂרוֹת חֲכָמוֹת	שָׂרָה חֲכָמָה	שָׂרִים חֲכָמִים	שַׂר חָכָם
Princesas sábias Umas princesas sábias Sábias princesas Umas sábias princesas	Princesa sábia Uma princesa sábia Sábia princesa Uma sábia princesa	Príncipes sábios Uns príncipes sábios Sábios príncipes Uns sábios príncipes	Príncipe sábio Um príncipe sábio Sábio príncipe Um sábio príncipe
הַשָּׂרוֹת הַחֲכָמוֹת	הַשָּׂרָה הַחֲכָמָה	הַשָּׂרִים הַחֲכָמִים	הַשַּׂר הֶחָכָם
As princesas sábias As sábias princesas	A princesa sábia A sábia princesa	Os príncipes sábios Os sábios príncipes	O príncipe sábio O sábio príncipe
יְלָדוֹת קְטַנּוֹת	יַלְדָּה קְטַנָּה	יְלָדִים קְטַנִּים	יֶלֶד קָטָן
Meninas pequenas Pequenas meninas Umas meninas pequenas Umas pequenas meninas	Menina pequena Pequena menina Uma menina pequena Uma pequena menina	Meninos pequenos Pequenos meninos Uns meninos pequenos Uns pequenos meninos	Menino pequeno Pequeno menino Um menino pequeno Um pequeno menino

(continua)

(Quadro 4.6 – conclusão)

Feminino plural	Feminino singular	Masculino plural	Masculino singular
הַיְלָדוֹת הַקְּטַנּוֹת	הַיַּלְדָּה הַקְּטַנָּה	הַיְלָדִים הַקְּטַנִּים	הַיֶּלֶד הַקָּטָן
As meninas pequenas As pequenas meninas	A menina pequena A pequena menina	Os meninos pequenos Os pequenos meninos	O menino pequeno O pequeno menino

No quadro a seguir, apresentamos um exemplo para quando houver mais de um adjetivo.

Quadro 4.7 – Exemplos de substantivos e adjetivos com o artigo

Substantivo e adjetivos femininos	Substantivo e adjetivos masculinos
1 - הָאִישׁ הַטּוֹב וְהַגָּדוֹל:	2 - הָאִשָּׁה הַטּוֹבָה וְהַגְּדֹלָה:
O homem bom e grande O bom e grande homem	A mulher boa e grande A boa e grande mulher
3 - הָאִישִׁים הַטּוֹבִים וְהַגְּדֹלִים:	4 - הָאִישׁוֹת הַטּוֹבוֹת וְהַגְּדֹלוֹת:
Os homens bons e grandes Os bons e grandes homens	As mulheres boas e grandes As boas e grandes mulheres

2. Atividade de aprendizagem

Copie as expressões do quadro anterior, em hebraico, e procure observar cada palavra.

- Expressão 1:
- Expressão 2:
- Expressão 3:
- Expressão 4:

4.2.3 O adjetivo em sua função predicativa

Como já dissemos, o **adjetivo** também pode ser usado como **predicado** numa frase em hebraico. Quando isso acontece, primeiramente são escritos os adjetivos para, depois, aparecerem os substantivos. Outro detalhe: sempre se escreve o artigo antes do substantivo. Assim é usado quando quem escreve quer definir ou descrever algo. Por exemplo, se o hebreu quer dizer "a montanha é grande", então escreverá da seguinte forma: גָּדוֹל הָהָר (literalmente, seria "grande é a montanha", mas traduzimos: "a montanha é grande"). Observe que, em hebraico, não é utilizado o verbo, que deve aparecer na tradução em português.

Confira outros exemplos:

טוֹבִים הָאִישִׁים: "Os homens são bons."

קְטַנָּה הָאִשָּׁה: "A mulher é pequena."

חָכָם הַמֶּלֶךְ: "O rei é sábio" (observe que *sábio* não leva artigo, pois a primeira consoante é o *het*, e não o *hei*).

בָּמוֹת דַּלְתוֹת יְרוּשָׁלַםִ: "São altas as portas de Jerusalém."

Resumindo o que vimos até aqui, teremos:

Quadro 4.8 – Resumo geral sobre o uso de artigo em substantivos com adjetivos

Em hebraico		Em português	
Quando o substantivo e o adjetivo não apresentam artigo.	מֶלֶךְ חָכָם	É indefinido.	*Rei sábio* *Sábio rei* *Um rei sábio* *Um sábio rei*

(continua)

(Quadro 4.8 – conclusão)

Em hebraico		Em português	
Quando o substantivo e o adjetivo tiverem artigo.	הַמֶּלֶךְ הֶחָכָם	É definido.	*O rei sábio* *O sábio rei*
Quando só há artigo no substantivo e é invertido: adjetivo + substantivo.	חָכָם הַמֶּלֶךְ	Usamos como predicativo, acrescentando o verbo ser/estar no presente.	*O rei é sábio.*

3. Atividade de aprendizagem

Traduza as frases a seguir. Todas as palavras já foram vistas neste capítulo.

בָּמוֹת הָאִישׁוֹת יְרוּשָׁלִַם:

____

____

חָכָם הַיֶּלֶד:

____

____

הַשָּׂרִים הַטּוֹבִים וְהַגְּדֹלִים:

____

____

שָׂרָה מְנוּחָה:

____

____

4.2.4 O grau dos adjetivos

O **grau dos adjetivos**, em hebraico, é bem diferente daquele que utilizamos em português. Por exemplo, para indicar o aumentativo, em geral usamos o sufixo *-ão*, enquanto, entre outros, o sufixo *-inho* indica o diminutivo. Em hebraico não há esse tipo de terminações.

Se queremos dizer que algo é *pequeno* ou *grande*, basta acrescentar um adjetivo que indique isso. Por exemplo, אִישָּׁה קְטַנָּה pode ser traduzido como "uma mulher pequena", ou "mulherzinha". Outro exemplo: אִישׁ גָּדוֹל pode ser traduzido como "homem grande", ou "homenzarrão".

Se for necessário fazer comparações, usamos o adjetivo קָטָן, ou גָּדוֹל, mais a preposição מִן. Por exemplo, דָּוִד גָּדוֹל מִשָּׁאוּל; traduzindo literalmente "Davi um grande de Saul", mas a ideia é "Davi (é) maior (que) Saul". O inverso seria שָׁאוּל קָטָן מִדָּוִד; traduzindo literalmente, seria "Saul um pequeno de Davi", mas numa tradução melhorada seria "Saul (é) menor (que) Davi".

Quando se trata de comparações de igualdade, continuamos usando os adjetivos, mas mudamos a preposição, pois usamos o כ (*como, conforme*). Por exemplo, דָּוִד גָּדוֹל כְּשָׁאוּל; traduzindo, literalmente temos "Davi (é) grande como Saul" e, numa tradução melhorada, ficaria "Davi é tão grande quanto Saul".

Em hebraico não existe o superlativo, que em português é dado, em geral, pelo sufixo *-íssimo*. Quando se procura enfatizar algo, acrescentamos um novo adjetivo (*muito*), ou então repetimos por três vezes a expressão. Por exemplo, קָדוֹשׁ קָדוֹשׁ קָדוֹשׁ יְהוָה צְבָאוֹת; traduzindo, literalmente seria "Santo, santo, santo é o Senhor dos exércitos".

Numa tradução melhorada, podemos dizer: "O Senhor dos exércitos é santíssimo"; ou, ainda, escrevemos קָדוֹשׁ מְאֹד יְהוָה צְבָאוֹת; traduzindo, literalmente seria: "Santo, muito, é o Senhor dos exércitos" ou, de outra forma, seria "O Senhor dos exércitos é muito santo", ou ainda "O Senhor dos exércitos é santíssimo."

4. Atividade de aprendizagem

Leia os quadros a seguir, observe a análise das palavras e monte as respectivas frases em português.

צִיּוֹן:	גָּדוֹל	הַר	רֹב
Nome próprio: Sião[7]	Adjetivo: grande	Advérbio: muito, numeroso	Substantivo singular: montanha, monte

<table>
<tr><th>קָטָן:</th><th>עִיר</th><th>לָחֶם</th><th>בֵּית</th></tr>
<tr><td rowspan="2">Adjetivo masculino singular: pequeno</td><td rowspan="2">Substantivo masculino singular: cidade.</td><td>Substantivo masculino singular: pão</td><td>Substantivo masculino singular construto: casa de</td></tr>
<tr><td colspan="2">Estes dois substantivos בֵּית לָחֶם, quando juntos, também podem representar um nome próprio: בֵּית־לָחֶם, Belém.</td></tr>
</table>

4.3 O uso dos numerais

Nosso objetivo aqui não é despender muito esforço com este tópico. Por se tratar de uma introdução à gramática instrumental, não temos muito tempo para os vários detalhes pertinentes a essa questão. Todavia, a falta deles não nos prejudicará, porque o uso dos analíticos compensarão essa falta.

7 Lemos *Tsion*, mas a palavra aportuguesada deve ser *Sião*.

O que precisamos conhecer sobre os numerais, agora, é que, embora em hebraico não existam os numerais arábicos, há duas formas de se **demonstrar a numeração**:

1. **Por extenso** – Usamos os *nomes* de cada número, dispostos *por extenso*. O mais comum é serem dispostos em sequência, do maior para o menor – mas isso não pode ser usado como regra, como poderemos observar no exemplo a seguir.

Quadro 4.9 – Exemplos de numerais usados por extenso

(Números, 4: 40)	וּשְׁלֹשִׁים׃	מֵאוֹת	וְשֵׁשׁ	אַלְפַּיִם
	e trinta	cem (ou centos)	seis	dois mil
Dois mil, seiscentos e trinta				

שְׁנָיִם	וְעֶשְׂרִים	מֵאוֹת	וּשְׁלֹשׁ	אֶלֶף	תִּשְׁעָה	וַחֲמִשִּׁים
dois	e vinte	centos	e três	mil	nove	cinquenta
Cinquenta e nove mil, trezentos e vinte e dois						

(Números, 3: 50)	וָאָלֶף׃	מֵאוֹת	וּשְׁלֹשׁ	וְשִׁשִּׁים	חֲמִשָּׁה
	e mil	centos	e três	e sessenta	cinco
Mil, trezentos e sessenta e cinco					

2. Outra forma, em geral, muito usada para dar nome aos capítulos dos livros bíblicos, é o emprego das letras a partir de seu valor numérico. Em outras palavras, assim como existem os numerais romanos a partir do alfabeto latino, também existe o numeral hebraico com base em seu *alefbet*. Por exemplo, o salmo contido em Salmos, 145, seria sinalizado com as letras קמה. O cuidado que devemos ter é que essas mesmas letras também formam

uma palavra (קָמָה) - nesse caso, sua tradução seria *seara* ou *cereal*. Assim, podemos correr o risco de traduzir a palavra e ignorar o número, ou vice-versa. Entretanto, não se desespere: o **contexto** é sempre muito importante neste momento.

4.4 O uso dos pronomes

O uso dos **pronomes**, em grande parte, é muito parecido com o que fazemos em nossa língua tanto em seu significado quanto em suas divisões. Eles seguem a mesma ideia da nossa classificação como pronomes pessoais, possessivos, demonstrativos, interrogativos e relativos. Aqui partimos do pressuposto que já os conhecemos em português e, por isso, gastamos energia apenas com sua distinção ou peculiaridades de funcionamento em hebraico.

4.4.1 Pronomes pessoais

Diferentemente do português, o pronome pessoal em hebraico não ocorre acompanhado dos verbos *ser* ou *estar*. Portanto, em português, a expressão "eu sou" é composta pelo pronome pessoal *eu* mais o verbo *ser*, conjugado na primeira pessoa do singular, no presente. Já em hebraico não existe qualquer forma para a tradução do verbo ser ou estar no presente. Vejamos, no Quadro 4.10, a relação dos pronomes pessoais em hebraico. Devemos notar que há pronomes específicos para masculino e feminino, até mesmo na segunda pessoa.

Quadro 4.10 – Pronomes pessoai

Classificação (Pessoa, Número, Gênero)	Tradução	Pronome hebraico
1ª p.s.c.[8]	*Eu* ou *eu sou* ou *eu estou.*[9]	אֲנִי ou אָנֹכִי
2ª p.s.m.	*Tu (homem), tu (homem) és* ou *estás.*	אַתָּה
2ª p.s.f.	*Tu* (mulher), *tu (mulher) és* ou *estás.*	אַתְּ
3ª p.s.m.	*Ele, ele é* ou *ele está.*	הוּא
3ª p.s.f.	*Ela, ela é* ou *ela está.*	הִיא
1ª p.p.c.[10]	*Nós, nós somos* ou *nós estamos.*	אֲנַחְנוּ ou נַחְנוּ
2ª p.p.m.	*Vós (homens), vós (homens) sois* ou *vós estais.*	אַתֶּם
2ª p.p.f.	*Vós (mulheres), vós (mulheres) sois* ou *vós estais.*	אַתֶּן ou אַתֵּנָה
3ª p.p.m.	*Eles, eles são* ou *eles estão.*	הֵם ou הֵמָּה
3ª p.p.f.	*Elas, elas são* ou *elas estão.*	הֵן ou הֵנָּה

Fonte: Elaborado com base em Gusso, 2005.

Por esse motivo, todas as vezes que encontramos um pronome pessoal, é o contexto que define se ele deve ser traduzido apenas como pronome pessoal ou se deve ter junto o verbo *ser* ou *estar*.

8 A letra *p* é a abreviatura para *pessoa*, o *s* é para *singular* e o *c* é para *comum*, indicando que, neste caso, serve tanto para masculino (*m*) quanto feminino (*f*).

9 Como não existe o verbo *ser/estar* conjugado no presente em hebraico usado na Bíblia, é comum o pronome vir acompanhado do *sou* ou do *estou*. Por exemplo: אֲנִי דָוִד , o qual literalmente traduziríamos "eu Davi", que, no entanto, significa "eu sou Davi".

10 A letra *p* inicial é a abreviatura para *pessoa*, a segunda letra *p* é para indicar que é *plural* e o *c* é para *comum*.

4.4.2 Pronomes possessivos (sufixos pronominais)

Diferentemente do português, os **pronomes possessivos** não são isolados da palavra, mas vêm como sufixo do termo. Aqui não convém gastarmos energia vendo cada um deles, mas, sim, ter um vislumbre de como funcionam.

Em outras palavras, após a raiz hebraica, podemos encontrar uma ou duas letras, as quais, juntando-as a suas formas e associações com as vogais, nos indicarão a quem pertence tal objeto.

Por exemplo, a frase de Oseias, 1: 9: קְרָא שְׁמוֹ לֹא עַמִּי׃ – "O nome dele chamará: não é povo meu". Nela, há dois sufixos, como podemos ver na descrição a seguir.

Quadro 4.11 – Exemplos de uso do pronome possessivo em hebraico por meio do sufixo pronominal

(Oseias, 1: 9)	עַמִּי׃	לֹא	שְׁמוֹ	קְרָא
	Substantivo masculino singular construto: povo + sufixo pronominal 1ª p.s.c: meu.	Advérbio de negação: não.	Substantivo masculino singular construto: nome + sufixo pronominal 3ª p.s.m: dele.	Por enquanto, resta-nos saber que é um verbo conjugado na 3ª p.s.m.: chamará.
Tradução literal: "Chamará o[11] nome dele: não é povo meu."				
Tradução melhorada: "O seu nome será: Loami – que quer dizer 'não é o meu povo'."				

(continua)

11 Este artigo definido vem pela mesma regra do construto absoluto. Quando o absoluto é definido, "empresta sua definição para o construto". O pronome pessoal, assim como os sufixos pronominais, tem o mesmo peso que o nome próprio: são definidos. Por isso, embora não ocorra nenhum artigo na frase hebraica, em português deve aparecer.

(Quadro 4.11 – conclusão)

(Cânticos, 6: 3)	לִי׃	וְדוֹדִי	לְדוֹדִי	אֲנִי
	Preposição: a, para, de + sufixo pronominal 1ª p.s.c: meu ou minha.	*waw* conjuntivo: e, mas, então, ainda. + substantivo masculino singular: amado + sufixo pronominal 1ª p.s.c: meu ou minha.	Preposição: a, para, de + substantivo masculino singular: amado + sufixo pronominal 1ª p.s.c: meu ou minha.	Pronome pessoal 1ª p.s.c.: eu ou eu sou ou eu estou.
Eu sou do meu amado e o meu amado é meu.				

4.4.3 Pronomes demonstrativos

Os **pronomes demonstrativos**, em hebraico, são bem simples. Existem apenas sete formas nos textos dessa língua, que são utilizadas como os pronomes *este* ou *aquele* em suas variadas declinações de gênero e números, ou seja, indicam se o pronome deve ser traduzido por *este* ou *esta, aquele* ou *aqueles, aquela* ou *aquelas.*

Uma única diferença para o português é que a palavra hebraica utilizada como pronome demonstrativo para *estes* e *estas* é a mesma: a palavra אֵלֶּה (*'eleh*) é um pronome demonstrativo no plural comum, ou seja, serve tanto para masculino quanto para feminino, como podemos observar no Quadro 4.12, a seguir.

Quadro 4.12 – Os pronomes demonstrativos

Tradução	Descrição	Forma hebraica
este	Pronome demonstrativo singular masculino.	זֶה
esta	Pronome demonstrativo singular feminino.	זֹאת
estes ou estas	Pronome demonstrativo plural comum.	אֵלֶּה
aquele[12]	Pronome demonstrativo singular masculino.	הוּא
aquela	Pronome demonstrativo singular feminino.	הִיא
aqueles	Pronome demonstrativo plural masculino.	הֵמָּה
aquelas	Pronome demonstrativo plural feminino.	הֵנָּה

4.4.4 Pronomes interrogativos

Em hebraico não existe nenhum ponto como o nosso ponto de interrogação, que indica que certa oração é uma pergunta. Porém, a língua apresenta alguns **pronomes interrogativos**, que servem para alertar que aquela frase é uma interrogação.

Esses pronomes podem ser independentes ou estar acoplados a uma palavra. Observe o quadro a seguir.

12 Talvez você já tenha estranhado, mas é isso mesmo: os pronomes pessoais da terceira pessoa do singular e do plural também servirão como pronomes demonstrativos. Mas não se preocupe: além dos analíticos, o próprio contexto nos ajuda nesse sentido. Por exemplo, ficaria muito estranho traduzirmos a frase הִיא עִיר צֶדֶק como: "Ela é uma cidade de justiça". O correto é traduzir: "Aquela é uma cidade de justiça".

Quadro 4.13 – Uso dos pronomes interrogativos

Algumas traduções	Descrição	Forma hebraica
?[13]	Pronome interrogativo	הֶ הַ הֲ
Onde?	Pronome interrogativo	אֵי
Quem?	Pronome interrogativo	מִי
A quem?	Pronome interrogativo	אֶת מִי
De onde?	Pronome interrogativo	אֵי מִזֶּה
Quê? O quê? Qual? Por quê?	Pronome interrogativo	מֶה מָה מַה

4.4.5 Pronome relativo

Embora só ocorra em hebraico **um pronome relativo**, ele pode aparecer em sua forma normal (אֲשֶׁר), separada da palavra, ou de forma abreviada (שֶׁ ou שַׁ), como prefixo de uma palavra. Todavia, independentemente de sua forma, seu significado sempre será o mesmo: *que, qual, quem, o qual, os quais, a qual, as quais.*

5. Atividade de aprendizagem

Leia a frase a seguir, observe sua descrição e monte a frase em português.

הוּא׃	אֲשֶׁר	גָּדוֹל	בֵּיתִי
Pronome pessoal 3ª p.s.m.: ele, ou pronome demonstrativo masculino: aquele.	Pronome demonstrativo: que, qual, o que, o qual, os quais, a qual, as quais.	Adjetivo masculino singular: grande, numeroso, maior.	Sub. fem. sin. const.: casa + suf. pron. 1ª pessoa do sing.: meu, minha.

13 Quando uma destas três sílabas aparecerem no início de uma frase, indica que toda a frase é interrogativa.

מַלְכּוּ:	אֱלֹהִים	אַתָּה
Substantivo masculino singular construto: rei + suf. pron. 1ª p.p.: nosso ou nossa.	Substantivo masculino plural: Deus ou deuses[14].	Pronome pessoal, 2ª p.s.m.: tu.

(Salmos, 95: 3)

אֱלֹהִים:	כָּל	עַל	גָּדוֹל	וּמֶלֶךְ	יְהוָה	גָּדוֹל	אֵל	כִּי
Substantivo masculino plural: deuses.	Advérbio: todo, toda, todos, todas.	Preposição: sobre, acima.	Adjetivo masculino singular: grande, maior.	*waw* conjunção: e, mas + substantivo masculino singular: rei.	Nome próprio: Yavéh.	Adjetivo masculino singular: grande, maior.	Substantivo masculino singular: Deus.	Advérbio: certamente, verdadeiramente, porque.

(Gênesis, 4: 9)

אָחִיךָ:	הֶבֶל	אֵי	קַיִן	אֶל	יְהוָה	וַיֹּאמֶר
Substantivo masculino singular construto: irmão + suf. pron. 2ª p.s.m.	Nome próprio.	Pronome interrogativo: onde?	Nome próprio.	Preposição: a, para, em direção a.	Nome próprio.	Verbo: e disse.

Bastante informação, não é mesmo? Porém, não devemos desistir. O importante, neste capítulo, é saber que em hebraico também ocorre o uso dos pronomes e que muitos deles apresentam uso

14 Lembre-se de que esta é uma palavra bastante técnica para o hebraico. Oficialmente, ela só existe no plural; todavia, dependendo do contexto, pode estar se referindo ao "único Deus", ou "a vários deuses".

muito similar ao que fazemos em português. Se você pretende se dedicar mais ao estudo das línguas, vale a pena tentar decorar cada pronome hebraico e sua principal tradução. Como eles aparecem muito no texto bíblico, quando estamos lendo a Bíblia hebraica fica muito mais prazeroso reconhecer as palavras cujo significado sabemos. É muito gratificante.

Para os leitores que não pretendem ir muito a fundo no estudo das línguas bíblicas, podemos gastar um tempo fazendo uma tabela com todos eles. Vale a pena também escrever as preposições e seus principais significados, pois isso facilita os estudos e as leituras.

Atividades de autoavaliação

1. Marque com V as afirmativas verdadeiras e com F as falsas.
   ( ) As palavras femininas, em hebraico, com poucas exceções, terminam em (ָה) ou com *táu* (ת).
   ( ) Sabendo que a palavra סוּס está no singular masculino e significa *cavalo*, então podemos dizer que סוּסִים está no plural masculino e significa *cavalos*.
   ( ) Quando Isaías disse "Santo, santo, santo", não estava dizendo que Deus é *santíssimo*, mas estava pensando na Trindade.
   ( ) Em hebraico existem os estados chamados *construto* e *absoluto*, algo muito comum e largamente usado em nossa língua portuguesa.
   ( ) Na língua hebraica encontrada na Bíblia, embora não ocorram os numerais cardinais, os numerais podem ser expressos por extenso ou, ainda, pelo valor numérico das consoantes.

Agora, marque a alternativa que assinala a sequência correta:

a) V, V, F, F, V.
b) V, F, V, F, V.
c) V, V, V, F, V.
d) V, F, F, F, V.

2. Preencha o quadro a seguir, de acordo com o modelo exposto na primeira linha. Atenção: ao finalizar, não olhe no gabarito.

Adjetivo feminino plural	**Adjetivo feminino singular**	**Adjetivo masculino plural**	**Adjetivo masculino singular**
טוֹבוֹת	טוֹבָה	טוֹבִים	טוֹב
Boas	Boa	Bons	Bom
			גָּדוֹל
			(Um) grande
		קְטַנִּים	
		Pequenos	
חֲכָמוֹת			
Sábias			
	אִוֶּלֶת		
	Tola		

3. Observe a primeira linha do quadro anterior e responda: Se *boa* é *tovah*, por que *bom* não é *tovoh*?

4. Complete a análise de cada palavra e monte a frase em português.

לוֹ:	הֶהָרִים	וְתוֹעֲפוֹת	הָאָרֶץ	מֶחְקְרֵי	בְּיָדוֹ
Preposição:___ + suf. pron. 3ª p.s.m.: ___	Artigo: ___ + Subs. mas. pl. abs.: montes	*waw* conj: _______ + subs., fem. pl.: as alturas dos	*waw* conj: _______ + subs., fem. pl. const.: alturas de	Subs. mas. pl. const.: as profundezas da	Preposição: ___ + subs. masc. ___ mão ou mãos + suf. pron. 3ª p.s.m.: ___

____

capítulo cinco

Os verbos[1]

1 Todas as citações a livros bíblicos em português, neste capítulo, se referem a Bíblia (2014), quando não especificada outra versão.

05

Como em qualquer idioma, o hebraico também tem uma forma específica para descrever ou demonstrar as ações e estados processuais de determinado conceito: os **verbos**. Por isso, neste capítulo, estudaremos de forma panorâmica os verbos usados no **texto bíblico**, suas **características** e as **principais formas verbais**.

A concentração maior deste capítulo se dará no grupo (ou famílias) de verbos chamados *fortes* e declinados no estado chamado *completo* (ou também *perfeito*). Num primeiro momento, só usaremos como exemplo a conjugação do português. A partir da Seção 5.2, começaremos a apresentar a declinação verbal do hebraico.

5.1 Peculiaridades dos verbos em hebraico

Em nossa língua, usamos a forma do infinitivo (*estudar, bater, partir*) para servir de nome ao verbo. Por exemplo, quando queremos que se faça alguma declinação, pedimos: "conjugue o verbo *afogar* no presente do indicativo". Em hebraico, isso não ocorre. Embora também use a forma do infinitivo, o **nome do verbo** (que seria dado no infinitivo em português) é sua declinação na **terceira pessoa do singular, no passado**; ou seja, em vez de falarmos sobre os verbos *estudar, bater* e *partir*, em hebraico usamos as palavras *estudou, bateu* e *partiu*. Isso porque os verbos começam com a terceira pessoa, sempre no passado.

Como toda primeira palavra de uma listagem, acaba sendo a representante do todo. Sendo assim, a conjugação na terceira pessoa do singular masculino, por esse motivo, também é utilizada como o nome do verbo.

A seguir há um quadro demonstrando essa diferença, mas não se preocupe com isso, por enquanto. Quando entrarmos no estudo dos verbos, usaremos a ordem adotada por nossa língua portuguesa.

Quadro 5.1 – Diferença básica entre a estrutura verbal hebraica e a portuguesa

Forma em português	Forma em hebraico
Nome do verbo: *governar* (infinitivo)	Nome do verbo: *governou* (3ª p.s.m.)
Ordem usada na declinação: 1ª p.s. - Eu 2ª p.s. - Tu 3ª p.s. - Ele/ela 1ª p.p. - Nós 2ª p.p. - Vós 3ª p.p. - Eles/elas	Ordem usada na declinação: 3ª p.s.m. - Ele 3ª p.s.f. - Ela 2ª p.s.m. - Tu homem 2ª p.s.f. - Tu mulher 1ª p.s.c. - Eu (homem ou mulher) 3ª p.p.m. - Eles 3ª p.p.f. - Elas 2ª p.p.m. - Vós homens 2ª p.p.f. - Vós mulheres 1ª p.p.c. - Nós (homens ou mulheres)

Outra peculiaridade, bastante excêntrica, é a respeito dos **tempos verbais**. Diferentemente de nossa forma de encarar a vida, a cosmovisão hebraica, em especial a do Antigo Testamento, era menos voltada para o tempo em si. Sua preocupação era muito mais com o **tipo** de ação a ser efetuada e com a **responsabilidade** daquele quem a fez do que com o **quando foi** ou **quando seria realizada**.

Por exemplo, eles não tinham a divisão dos tempos verbais, como nós temos, em *passado*, *presente* e *futuro*. Porém, preocupavam-se em descrever **três aspectos** de uma **mesma ação**: a) se era algo *completo* ou *incompleto*; b) se o sujeito ligado ao verbo era o *causador* da ação ou quem a *recebia*; e c) se era realizada de *forma simples*, *intensiva* ou *causativa*.

Dessa maneira, basicamente temos **sete principais formas verbais**: ***qal*, *piel*, *hifil*, *hitpael*, *hofal*, *pual*** e ***nifal***. Vejamos os detalhes a seguir.

5.1.1 A forma dos verbos

Como em toda língua, em hebraico existem também os **verbos irregulares**, chamados de ***verbos fracos***. Como aparecem com menor frequência, gastaremos energia na identificação e na construção dos **verbos regulares**, chamados de ***verbos fortes***.

Pois bem, esses verbos são compostos por uma raiz de três consoantes, um sufixo indicando o número e o gênero da pessoa envolvida na ação e sinais indicativos da família à qual são pertencentes. Esses sinais podem ser encontrados a seguir, como prefixo ou acima das consoantes da raiz.

Portanto, graficamente teremos:

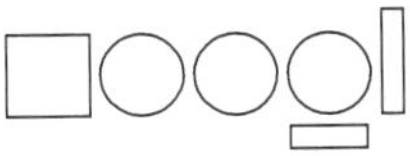

Nessa disposição gráfica:

- O **círculo** representa cada uma das três consoantes de toda raiz de verbo. Ou seja, nos verbos fortes, essas consoantes sempre estão em todas as pessoas e em todas as famílias das conjugações.
- O **quadrado** representa a posição das terminações que indicam o número e o gênero do sujeito do verbo, ou seja, a terminação da primeira pessoa comum é sempre a mesma, não importa a que família o verbo pertença.
- Os **retângulos** sinalizam o lugar em que podem aparecer os indicativos que nos permitem identificar a família de cada verbo. Embora cada família tenha a sua peculiaridade, todos os verbos de uma determinada família começam do mesmo jeito.

Por exemplo:

בָּרָא
As três consoantes, ברא, indicam que é o verbo *criar*. O *qamets* (בָּ), embaixo do *bête*, sinaliza que o verbo é da família *qal* e que está no estado completo. A ausência de uma terminação após as três consoantes da raiz mostra que ele está conjugado na 3ª pessoa masculina do singular. Assim, a primeira tradução deve ser: "ele criou".
יָדְעוּ
A raiz ידע indica que é o verbo *conhecer*. O *qamets* (ָ), embaixo do *yúde*, sinaliza que é da família *qal* e que ele está no estado completo. A terminação em *waw* (וּ), após as três consoantes da raiz, mostra que ele está conjugado na 3ª pessoa comum do plural. Assim, a primeira tradução deve ser: "eles conheceram".
נִשְׁבַּעְתִּי
As três consoantes, שבע, indicam que é o verbo *jurar*. A sílaba *ni* (נִ), no início da palavra, indica que o verbo é da família *nifal* e está no estado completo. A terminação na sílaba *ty* (תִּי), após as três consoantes da raiz, sinaliza que ele está conjugado na 1ª pessoa comum do singular. Assim, a primeira tradução deve ser: "Eu jurei por mim mesmo".
אָקוּטְנוּ
As três consoantes קוט indicam que é o verbo *enojar-se*. O *'álef* com o *qamets* (אָ), no início da palavra, mostra que é da família *qal* e que está no estado incompleto. A terminação na sílaba *nu* (נוּ), após as três consoantes da raiz, sinaliza que ele está conjugado na 1ª pessoa comum do plural. Assim, a primeira tradução deve ser: "nós nos enojaremos" ou "nós teremos nojo".

5.1.2 Os estados completo e incompleto

Se o verbo *estudar* estiver na forma do **completo** (ou **perfeito**, dependendo da gramática a ser utilizada), significa algo terminado, concluído ou decidido. Assim, inicialmente traduziríamos *estudei* como pretérito perfeito ou *estudava* como pretérito imperfeito, porém também pode indicar algo no futuro (*estudarei*).

Por exemplo, quando um profeta trazia uma palavra profética – mesmo que ainda estivesse por acontecer ou por vir, pelo fato de Deus já ter decidido, e como era tão certo o que haveria de acontecer –, a declinação a ser utilizada para o evento era o *completo*. Por agora, um exemplo só em português. Quando se menciona, em Isaías, 9: 6, que "um menino nos nasceu, um filho nos foi concedido...", embora estivesse referindo-se à futura vinda do Messias, escreveu usando o completo. Todavia, em nossa tradução, poderemos traduzir como futuro: "um menino nos nascerá, um filho nos será concedido...".

Porém, se é algo que estamos *querendo fazer*, pensamos que seria interessante estudar, mas não termos certeza se teremos tempo ou disposição, então seria usada a declinação na forma do **incompleto** (também chamado de ***imperfeito***). Por isso, num primeiro momento, optamos por traduzir o tempo incompleto como futuro (*estudarei*). Porém, se o contexto permitir, ele também pode se referir ao passado. Vamos imaginar que alguém começou a fazer a faculdade na década de 1990, mas parou no meio do caminho. Como não a concluiu, seu ato de estudar foi *incompleto*. Por isso, se tivéssemos que usar uma conjugação hebraica para descrever esse estudo, eu deveria usar a forma do incompleto. Em português, usaríamos o pretérito perfeito, dizendo "nos anos 1990, *estudou...*" ou o pretérito imperfeito: "nos anos 1990, *estudava* numa faculdade pública".

Dessa forma, todas as sete famílias verbais – *qal, piel, hifil, hitpael, hofal, pual* e *nifal* – podem ser conjugadas no **completo ou no incompleto**, dependendo do *contexto* e da *necessidade*; e ainda, independentemente de estar no completo ou no incompleto, podem ser traduzidos no pretérito ou no futuro. Porém, como é uma primeira tradução, nesta obra adotaremos o **pretérito** para o ***completo*** (ou **perfeito**) e o **futuro** para o **incompleto** (ou **imperfeito**).

5.1.3 As vozes dos verbos em hebraico

O hebraico, neste quesito, é similar ao nosso modo de encarar os verbos. Na língua hebraica, também se enfatiza se a ação foi praticada pelo sujeito, ao usar a **voz ativa**, ou se ela foi sofrida pelo indivíduo (quando se usa a **voz passiva**), ou, ainda, se ela foi praticada contra o próprio sujeito ativo (chamada de ***voz reflexiva***). A diferença é que há famílias verbais que se apresentam apenas na voz passiva, enquanto outras somente na voz ativa.

Podemos separar as sete famílias verbais em três grupos:

Quadro 5.2 – As vozes das sete famílias do verbo hebraico

qal completo	**Voz ativa** (nestas três famílias, o sujeito causa a ação).
qal incompleto	
piel completo	
piel incompleto	
hifil completo	
hifil incompleto	
hitpael completo	**Voz reflexiva** (aqui o sujeito causa a ação a si mesmo e de forma intensa).
hitpael incompleto	
hofal completo	**Voz passiva** (nestas três famílias, o sujeito sofre a ação).
hofal incompleto	
pual completo	
pual incompleto	
nifal completo	
nifal incompleto	

Assim, podemos ver que algumas famílias se usam apenas na voz ativa, outras apenas na passiva e algumas na voz reflexiva.

5.1.4 Os tipos de ações dos verbos em hebraico

Outro aspecto na conjugação verbal hebraica, diferente do que existe em português, é que cada família procura mostrar o **tipo de ação** que está sendo realizada: para mostrar a forma ativa do verbo *estudar*, só se poderiam usar as famílias *qal*, *piel* e *hifil*.

Assim, se conjugarmos o verbo *estudar* na forma do *qal*, estaríamos nos referindo a um estudo simples e normal. Se usarmos a conjugação do *piel*, tratar-se de um estudo árduo e profundo. Se usarmos a forma do *hifil*, estamos dizendo que eu estou levando alguém a estudar.

Em outras palavras, juntando esses detalhes com os dos tópicos anteriores, poderíamos conjugar o verbo *estudar* da forma detalhada a seguir.

Quadro 5.3 – As famílias do verbo hebraico na voz ativa

Voz ativa					
qal completo	*qal* incompleto	*piel* completo	*piel* incompleto	*hifil* completo	*hifil* incompleto
Estudei	Estudarei	Estudei mesmo (ou intensamente)	Estudarei mesmo (ou intensamente)	Obriguei a estudar	Obrigarei a estudar

Já para a forma *passiva*, precisamos usar as famílias *nifal*, *pual* e *hofal*, as quais seguem o mesmo princípio mencionado anteriormente. Isso quer dizer que, se declinarmos o verbo *estudar* na forma do *nifal*, estamos nos referindo a um estudo passivo simples e normal. Se usar a conjugação do *pual*, indicamos se tratar de um estudo passivo árduo ou profundo. Se usarmos a forma do *hofal*, estamos dizendo que somos obrigados a estudar. Vejamos o próximo exemplo.

Quadro 5.4 – As famílias do verbo hebraico na voz passiva

Voz passiva					
nifal completo	*nifal* incompleto	*pual* completo	*pual* incompleto	*hofal* completo	*hofal* incompleto
Me estudei[2] ou fui estudado	Me estudarei ou serei estudado	Fui estudado mesmo ou intensamente	Serei estudado mesmo ou intensamente.	Me obrigaram a estudar	Me obrigarão a estudar

Por fim, há a forma **reflexiva**, na qual a pessoa pratica a ação sobre si mesma, descrita pela família do *hitpael*. Assim, se precisarmos usar o verbo *estudar* no *hitpael* completo, traduzimos como "eu me estudei mesmo" ou "intensamente". Já no incompleto seria "eu me estudarei mesmo".

Antes de entrarmos nas formas e nas declinações hebraicas, vamos exercitar e melhorar nossa desenvoltura com relação aos verbos em português. Veja a conjugação do verbo *soltar* no pretérito perfeito, no indicativo ativo e no passivo.

2 Como podemos observar, nem todos os verbos se enquadram perfeitamente em todas as famílias, enquanto outros podem sofrer alterações. Por exemplo, o verbo *bater* pode ser usado em todas as famílias, mas no *piel* e no *pual*, em vez de conjugarmos "bati mesmo" ou "me bati para valer", poderíamos trocar a raiz do verbo e dizer "esmurrei" ou "fui esmurrado".

Quadro 5.5 – Relembrando a conjugação do pretérito perfeito do indicativo, nas vozes ativa, passiva e reflexiva

Pretérito perfeito do indicativo		
Voz ativa	Voz reflexiva	Voz passiva
Eu soltei Tu soltaste Ele/ela soltou Nós soltamos Vós soltastes Eles/elas soltaram	Eu me soltei Tu te soltaste Ele/ela se soltou Nós nos soltamos Vós vos soltastes Eles/elas se soltaram	Eu fui solto Tu foste solto Ele foi solto/ela foi solta Nós fomos soltos Vós fostes soltos Eles serão soltos/elas serão soltas

Veja, agora, a conjugação no pretérito imperfeito.

Quadro 5.6 – Relembrando a conjugação do pretérito imperfeito do indicativo, nas vozes ativa, reflexiva e passiva

Pretérito imperfeito do indicativo		
Voz ativa	Voz reflexiva	Voz passiva
Eu soltava Tu soltavas Ele/ela soltava Nós soltávamos Vós soltáveis Eles/elas soltavam	Eu me soltava Tu te soltavas Ele/ela se soltava Nós nos soltávamos Vós vos soltáveis Eles/elas se soltavam	Eu fui solto Tu fostes solto Ele foi solto/ela foi solta Nós fomos soltos Vós fostes soltos Eles foram soltos/elas foram soltas

Agora, veremos a conjugação do verbo soltar no futuro do indicativo, no Quadro 5.7.

Quadro 5.7 – Relembrando a conjugação do futuro do presente do indicativo, nas vozes ativa, reflexiva e passiva

Futuro do presente do indicativo		
Voz ativa	Voz reflexiva	Voz passiva
Eu soltarei Tu soltarás Ele/ela soltará Nós soltaremos Vós soltareis Eles/elas soltarão	Eu me soltarei Tu te soltarás Ele/ela se soltará Nós nos soltaremos Vós vos soltareis Eles/elas se soltarão	Eu serei solto Tu serás solto Ele será solto/ela será solta Nós seremos soltos Vós sereis soltos Eles serão soltos/elas serão soltas

Pois bem, como já relembramos em português o conteúdo necessário para aprendermos em hebraico, agora é hora de exercitar nosso conhecimento, para termos certeza de que sabemos diferenciar a conjugação dos verbos em português.

1. Atividades de aprendizagem

I. Conjugar o verbo *matar* no **pretérito perfeito** e no **imperfeito**, do **indicativo** e do **passivo**. O ideal é que você faça o exercício sozinho; porém, se precisar, você poderá olhar o quadro anterior, como modelo.

Pretérito perfeito do indicativo		
Voz ativa	Voz reflexiva	Voz passiva
Eu	Eu me	Eu fui

II. Conjugar o verbo *governar* no **pretérito imperfeito do indicativo**, nas vozes **ativa, reflexiva** e **passiva**.

Pretérito imperfeito do indicativo		
Voz ativa	Voz reflexiva	Voz passiva
Eu	Eu me	Eu era

III. Conjugar o verbo *visitar* no **futuro do indicativo**, nas vozes **ativa, reflexiva** e **passiva**.

Futuro do indicativo		
Voz ativa	Voz reflexiva	Voz passiva
Eu	Eu me	Eu serei

Agora que já aprendemos a ideia geral dos verbos hebraicos e recapitulamos nossas conjugações em português, em especial as que mais usaremos, agora é hora de começar a conhecer as **famílias** dos verbos hebraicos. Por enquanto, só estudaremos os **verbos fortes**[3] no estado chamado *completo* (ou *perfeito*).

5.2 Verbos de ação simples, no estado completo do verbo forte

As sete famílias hebraicas principais estão divididas em quatro categorias. Estas procuram realçar o tipo da ação efetuada na raiz verbal: **ação simples**, **ação intensiva**, **ação causativa** ou **ação reflexiva**. Neste ponto, iniciaremos nosso estudo sobre as famílias que procuram descrever a ação simples de um verbo.

Como mencionamos anteriormente, há duas delas que se enquadram nesta seção: a do *qal* e a do *nifal*. A forma do *qal* é a forma ativa, e a segunda, o *nifal*, sua correspondente passiva. Em outras palavras, se o verbo estiver no *qal*, significa que o sujeito da frase foi quem executou a ação e de forma simples, e se o verbo estiver no *nifal*, indica que o sujeito sofreu a ação verbal de forma simples. Confira a seguir, no Quadro 5.8, essas conjugações.

3 **Verbos fortes** são aqueles que têm três consoantes em sua raiz e nunca sofrem alteração. Já os verbos denominados *fracos* contam com algumas consoantes que podem sofrer alterações, dependendo do tipo de conjugação. Mas não se preocupe com essa diferenciação; pois nosso objetivo é ler e procurar entender o que o texto hebraico diz. Por ora, só nos interessa saber que existe esse tipo de diferenciação entre os verbos.

Quadro 5.8 – Conjugação do *qal*, na voz ativa e ação simples no estado completo do verbo forte

Declinação em hebraico	Descrição analítica do verbo	Raiz		Tradução para o português
פָּקַדְתִּי	1ª p.c.s.	פָּקַד	Verificar[4]	(Eu[5]) verifiquei ou (Eu) verificava
פָּקַדְתָּ	2ª p.m.s.	פָּקַד	Verificar	(Tu) (homem) verificaste ou tu verificavas
פָּקַדְתְּ	2ª p.f.s.	פָּקַד	Verificar	(Tu) (mulher) verificaste ou tu verificavas
פָּקַד	3ª p.m.s.	פָּקַד	Verificar	(Ele) verificou ou ele verificava

(continua)

4 A palavra פָּקַד, assim como quase todas as palavras hebraicas, dispõe de vários significados. Embora usemos somente o termo *verificar*, para facilitar nossa vida, nos exercícios, ela pode significar: *verificar, fazer chamada, inspecionar, recrutar, passar em revista, examinar, pesquisar, visitar, procurar, preocupar-se com, castigar, vingar, guardar, faltar, convocar, responsabilizar, trazer, calcular, instituir, estabelecer, entregar, depositar, guardar* ou *impor* (Kirst et al., 1989, p. 197).

5 Assim como na língua portuguesa, quando o sujeito é oculto, em hebraico podemos acrescentar ou não o pronome pessoal. Será sempre o contexto que decidirá se o pronome deve aparecer para esclarecer o sujeito ou se ele pode ficar implícito. Assim, embora em hebraico só haja uma forma de se escrever פָּקַדְתִּי (*paqadity*), em português haverá quatro formas básicas de expressar a sua tradução: "Eu verifiquei" ou apenas "verifiquei" ou "eu verificava" ou "ainda verificava". Quando o sujeito estiver explícito, em português, nós o traduzimos na íntegra ou podemos ocultá-lo, se o contexto assim permitir. Por exemplo: פקד ‘דויד (*paqad David*) pode ser traduzido por "Davi verificou" ou "Davi verificava" ou, ainda, "verificou" ou "verificava". Nesta seção e nos exercícios, usaremos a forma simplificada: "(Eu) verifiquei" **ou** "(eu) verificava", deixando o pronome pessoal entre parênteses, para lembrarmos que ele é opcional em português, pois ora pode ser oculto, ora pode ser trocado pelo sujeito da ação.

(Quadro 5.8 – conclusão)

Declinação em hebraico	Descrição analítica do verbo	Raiz		Tradução para o português
פָּקְדָה	3ª p.f.s.	פָּקַד	Verificar	(Ela) verificou ou ela verificava
פָּקַדְנוּ	1ª p.c.p.	פָּקַד	Verificar	(Nós) verificamos ou nós verificávamos
פְּקַדְתֶּם	2ª p.m.p.	פָּקַד	Verificar	(Vós) (homens) verificastes ou vós verificáveis
פְּקַדְתֶּן	2ª p.f.p.	פָּקַד	Verificar	(Vós) (mulheres) verificastes ou vós verificáveis
פָּקְדוּ	3ª p.m. e f.p.	פָּקַד	Verificar	(Eles/elas) verificaram ou eles/elas verificavam

2. Atividades de aprendizagem

I. Leia e observe as frases nos exemplos a seguir.

יָצָרוּ:	יָדָיו	יַבֶּשֶׁת
formou	a mão dele	a terra seca
A mão dele formou a terra seca.		
Sua mão formou a terra seca.		

עָשָׂה:	הוּא	הַיָּם
fez	ele	o mar
O mar, ele fez.[6]		
Ele fez o mar.[7]		

6 Esta primeira tradução procura seguir o hebraísmo, a forma de pensamento hebraico.

7 Esta segunda tradução procura respeitar uma ordem mais natural da língua portuguesa.

הַגֶּשֶׁם:	אֶת	מִכֶּם	מָנַעְתִּי	אָנֹכִי
a chuva	*[8]	de vós	retive	eu
Eu retive de vós a chuva.				
Eu não permiti que chovesse.				

בַּחוּרֵיכֶם:	בַחֶרֶב	הָרַגְתִּי
os vossos jovens	com a espada	executei
Eu executei com a espada os vossos jovens.		
Eu executei os vossos jovens com a espada.		

Agora preencha os dados do quadro a seguir, com base no modelo visto anteriormente.

Conjugação em hebraico	Pessoa	Gênero	Número	Raiz		Conjugação em português
	1ª, 2ª, 3ª	m., f. ou c.	s. ou p.	Hebraico	Português	
לָמַדְתְּ	2ª	f.	s.	למד	Estudar	Tu (mulher) estudaste Ou Tu (mulher) estudavas
לָמַדְנוּ	1ª	c.	p.	למד	Estudar	
לָמַד	3ª	m.	s.	למד	Estudar	
לָמַדְתִּי	1ª	c.	s.	למד	Estudar	
לָמְדוּ	3ª	m., f.	p.	למד	Estudar	
לְמַדְתֶּם	2ª	m.	p.	למד	Estudar	
לָמְדָה	3ª	f.	s.	למד	Estudar	
לָמַדְתָּ	2ª	m.	s.	למד	Estudar	
לְמַדְתֶּן	2ª	f.	p.	למד	Estudar	

8 Esta é uma partícula do objeto direto, essencial para a gramática hebraica, mas que, em português, muitas vezes fica sem tradução.

II. Descreva as declinações verbais e escreva as suas respectivas conjugações no quadro a seguir.

Conjugação em hebraico	Pessoa	Gênero	Número	Raiz		Conjugação em português
	1ª, 2ª, 3ª	m., f. ou c.	s. ou p.	Hebraica	Portuguesa	
פְּקַדְתֶּם	2ª	m.	p.	פקד	Verificar[9]	
מָנַעְתִּי				מנע	Reter	
הָלַךְ				הלך	Andar	
שָׁפוּ				שוף	Esmagar	
שָׁמַעְנוּ				שמע	Ouvir	

III. Efetue a conjugação, em português, a partir dos dados analíticos e efetue a tradução do restante da frase. As palavras que estão sem versão em português são palavras que você já viu nos capítulos anteriores.

(Deuteronômio, 6: 18b)		
הַטֹּבָה:	אֶת הָאָרֶץ	יָרַשְׁתָּ
Artigo + adj. fem. sing.: boa	Part. de obj. dir. + art. + subs. fem. sing.[10]: da terra	Verbo ירש *qal* comp., 2ª p.m.s.: tomar posse.

(Números, 20: 2a)		
לָעֵדָה:	מַיִם	וְלֹא הָיָה
Preposição + artigo + subs. fem. sing.: congregação	s.m.p.	*waw* conj. + adv. neg. + verbo הָיָה no *qal* comp.

9 A língua hebraica é muito rica em significados. Assim, cada palavra pode ter uma grande variedade de possibilidades na tradução. Aqui usamos apenas uma correspondente, para facilitar nossa dinâmica. Todavia, quando você estiver traduzindo um texto bíblico, deverá ir ao dicionário e anotar **todas** as possibilidades, para ampliar o seu entendimento daquela palavra naquele texto.

10 Parece estranho, mas é isso mesmo: *terra*, em hebraico, é uma exceção. *Terra* tem terminação de palavra masculina, porém é feminina.

(I Samuel, 8: 7b)	כִּי:	לֹא	אֹתְךָ	מָאָסוּ	כִּי אֹתִי	מָאָסוּ
	Part. dem.: porque, certa- mente	Adv. de negação: não	Part. de obj. dir. + suf. pron. 2ª p.s.m.: a ti	Verbo *sam* 3ª p.p. m./f.: rejeitar	Part. dem. + part. de obj. dir. + suf. pron. 1ª p.s.c.: a mim	Verbo *sam* 3ª p.p.m./f.: rejeitar

5.2.1 *Nifal*, família de ação passiva e simples, no estado completo do verbo forte

A família do *nifal* tem uma aproximação muito grande com a do *qal*, porque ambas **expressam ação simples**. A diferença é que, enquanto o *qal* representa a voz ativa – "(eu) verifiquei" ou "(eu) verificava" –, o nifal é sua correspondente na voz passiva, indicando que o sujeito sofreu uma ação: "(eu) fui verificado" ou "(eu) era verificado", ou ainda na voz reflexiva, indicando que o sujeito faz e sofre a ação: "(eu) me verifiquei" ou "(eu) me verificava". Convém ressaltarmos que nem todos os verbos podem ser conjugados em todas as famílias, porém usaremos a mesma raiz por questões didáticas.

Em outras palavras, a palavra פָּקַד (*paqad*) pode significar *verificar, examinar, inspecionar, visitar*, entre outras. Porém, quando ele estiver declinado segundo a família *nifal*, soaria muito estranho dizer que alguém "visitou a si mesmo". Nesse caso, soaria melhor uma tradução como "(eu) me examinei". Todavia, usaremos "(eu) me verifiquei", apesar de soar um pouco estranho, pois servirá para nos ajudar a entender e a gravar seu uso em português.

Quadro 5.9 – Conjugação do *nifal*, na voz passiva e ação simples, no estado completo do verbo forte

Conjugação em hebraico	Descrição analítica do verbo	Raiz		Tradução para o português
נִפְקַדְתִּי	1ª p.c.s.	פָּקַד	Verificar	(Eu) fui verificado (por alguém ou por mim mesmo)[11]
נִפְקַדְתָּ	2ª p.m.s.	פָּקַד	Verificar	(Tu) (homem) foste verificado (por alguém ou por si mesmo)
נִפְקַדְתְּ	2ª p.f.s.	פָּקַד	Verificar	(Tu) (mulher) foste verificada (por alguém ou por si mesma)
נִפְקַד	3ª p.m.s.	פָּקַד	Verificar	(Ele) foi verificado (por alguém ou por si mesmo)
נִפְקְדָה	3ª p.f.s.	פָּקַד	Verificar	(Ela) foi verificada (por alguém ou por si mesma)
נִפְקַדְנוּ	1ª p.c.p.	פָּקַד	Verificar	(Nós) fomos verificados (por alguém ou por nós mesmos)
נִפְקַדְתֶּם	2ª p.m.p.	פָּקַד	Verificar	(Vós) (homens) fostes verificados (por alguém ou por vós mesmos)
נִפְקַדְתֶּן	2ª p.f.p.	פָּקַד	Verificar	(Vós) (mulheres) fostes verificadas (por alguém ou por vós mesmas)
נִפְקְדוּ	3ª p.m. e f.p.	פָּקַד	Verificar	(eles/elas) foram verificados (por alguém ou por eles/elas mesmos/as)

11 Quando o contexto mostrar que o sujeito sofreu a ação por ele mesmo, podemos trocar o tipo de conjugação em português. Por exemplo, נִפְקַדְתִּי (*nipqadty*) pode ser traduzido como "eu fui verificado" ou "fui verificado" ou "ainda eu me verifiquei" ou "me verifiquei".

3. Atividades de aprendizagem

I. Preencha os dados deste quadro, com base no modelo mostrado a seguir.

Conjugação em hebraico	Pessoa	Gênero	Número	Raiz		Conjugação em português
	1ª, 2ª, 3ª	m., f. ou c.	s. ou p.	Hebraico	Português	
[12] נִלְמַדְנוּ	1ª	c.	p.	למד	Estudar	Nós fomos estudados (por alguém ou por nós mesmos)[13]
נִלְמַדְתְּ	2ª	f.	s.	למד	Estudar	
נִלְמַד	3ª	m.	s.	למד	Estudar	
נִלְמַדְתִּי	1ª	c.	s.	למד	Estudar	
נִלְמְדוּ	3ª	m.,f.	p.	למד	Estudar	
נִלְמַדְתֶּם	2ª	m.	p.	למד	Estudar	
נִלְמְדָה	3ª	f.	s.	למד	Estudar	
נִלְמַדְתָּ	2ª	m.	s.	למד	Estudar	
נִלְמַדְתֶּן	2ª	f.	p.	למד	Estudar	

12 Devemos lembrar que as terminações são exatamente as mesmas usadas pela família do *qal*. A única diferença entre o *qal* e o *nifal*, na escrita hebraica, é o acréscimo do *ni* no início da palavra.

13 Não há necessidade de escrever sempre essa informação entre parênteses; ela foi colocada aqui só para lembrarmos desse outro sentido da voz reflexiva, quando trabalhamos com a tradução do *nifal*.

II. Leia e observe os exemplos a seguir:

הָנַּעֲרָה׃	נִקְרָא
Prep. + subs. masc. sing.: *a donzela*	Verbo *nifal* comp., 3ª p.s.f.: *chamar*
A donzela foi chamada[14].	

(Deuteronômio, 6: 18b)

לַאֲבֹתֶיךָ׃	יְהוָה	נִשְׁבַּע	אֲשֶׁר	הַטֹּבָה	הָאָרֶץ	אֶת	יָרַשְׁתָּ
Prep. + subs. masc. const. pl. + suf. pron. 2ª p.m.s.	Nome próprio	Verbo *nifal* comp. 3ª p.m.s.: jurar	Pron. dem. o que, qual, quais	Art. + adj. fem. sing.: a boa	Art. + subs. fem. sing.: a terra	Part. obj. dir.	Verbo *qal* comp. 2ª p.m.s.: tomar posse
para os teus pais	Yavéh	(ele) se jurou[15]	que	a boa terra		de	tomaste posse
Tu tomaste posse da boa terra que Yavéh jurou dar para os teus pais.							

(II Reis, 18: 10b)

שֹׁמְרוֹן׃	נִלְכְּדָה	יִשְׂרָאֵל	מֶלֶךְ	לְהוֹשֵׁעַ	תֵּשַׁע	שְׁנַת
Nome próprio	Verbo *nifal* comp. 3ª p.s.f.	Subs. absol., nome próprio	Subs. const.: rei de	Prep. + nome próprio	Num. card.: nove	Subs. const.: ano de
No ano nove, de Oseias, o rei de Israel, Samaria foi tomada.						
Samaria foi tomada no nono ano de Oseias, o rei de Israel.						

14 Se traduzirmos seguindo a sequência das palavras, ao pé da letra teríamos *foi chamada a donzela*. Todavia, em nosso idioma, soa estranho e, às vezes, pode dar outro entendimento.

15 "Como não há nada maior que Deus, Ele jura pra si mesmo". Uma tradução melhorada seria: "Jurou por si mesmo"; porém, como perceberão, nesse contexto ficaria melhor traduzir com a ideia de: "Deus prometeu com juramento".

(Deuteronômio, 28: 10a)

עָלֶיךָ׃	נִקְרָא	יְהוָה	שֵׁם	כִּי	הָאָרֶץ	עַמֵּי	כָּל	וְרָאוּ
Prep. sobre + suf. pron. 2ª p.m.s.: ti	Verbo *nifal* comp. 3ª p.s.: chamar	Nome próprio: Yavéh	Subs. masc. sing. const.: nome de	Part. dem.: certamente, realmente, que, porque	Art. + subs. abs. fem. sing.: a terra	Subs. masc. pl. const.: povos de	Pron. dem.: todo(a)(s)	Verbo *qal* comp. 3ª p.p.: ver

Viram todos os povos da terra que o nome Yavéh foi chamado sobre ti.

Todos os povos da terra percebem que tu és chamado pelo nome do Senhor.

III. Efetue a conjugação em português, a partir dos dados analíticos, e faça a tradução do restante das palavras, montando as frases:

הַטֹּבָה׃	אֶת הָאָרֶץ	נִירֲשְׁנוּ
Artigo + adj. fem. sing.: boa	Part. de obj. dir. + art. + subs. fem. sing.: da terra	Verbo *nifal* comp., 1ª p. c. p.: ser privado de tomar posse.

אַהֲרֹן׃	וְעַל	מֹשֶׁה	על	נִקְהֲלוּ
Nome próprio	*waw* conj. + preposição	Nome próprio	Prep.: sobre	Verbo *nifal* comp., 3ª p. m. /f. p.: ser privado de tomar posse.

IV. Proponha duas formas de traduzir o trecho a seguir.

(Ezequiel, 1: 1)

אֱלֹהִים׃	מַרְאוֹת	וָאֶרְאֶה	הַשָּׁמַיִם	נִפְתְּחוּ	עַל־נְהַר־כְּבָר	בְתוֹךְ־הַגּוֹלָה	וַאֲנִי
Subs. abs. masc. pl.: deuses, deus	Subs. const. fem. pl.: aparições de, visões de, espelhos de.	Conjugação ainda não vista: e então vi	Art. (os) + subs. masc. pl.: céus	Verbo *nifal* comp. 3ª p.p.: abrir	Preposição sobre + subs. masc. sing. rio + nome próprio *Qevar*	Preposição em meio a, entre + subs. fem. sing.: exílio, povo exilado	*waw* conj. + pron. pes. 1ª p. m.s.

5.2.2 Montagem de gráfico para o estado completo dos verbos fortes

Não sabemos se as famílias verbais foram criadas para ter forma de um candelabro (*menorá*) ou se isso é mera coincidência. Porém, de acordo com Bachar (2004), quando visualizamos os verbos como se fossem dispostos no formato de um candelabro, percebendo o funcionamento das sete famílias verbais e suas ações ativa, reflexiva e passiva, assim como seus graus simples, intensivos e causativos, fica muito mais fácil de assimilar o funcionamento e, principalmente, as traduções dos verbos para o português. Observe a Figura 5.1, a seguir.

Figura 5.1 – Imagem de candelabro para estudo dos verbos hebraicos

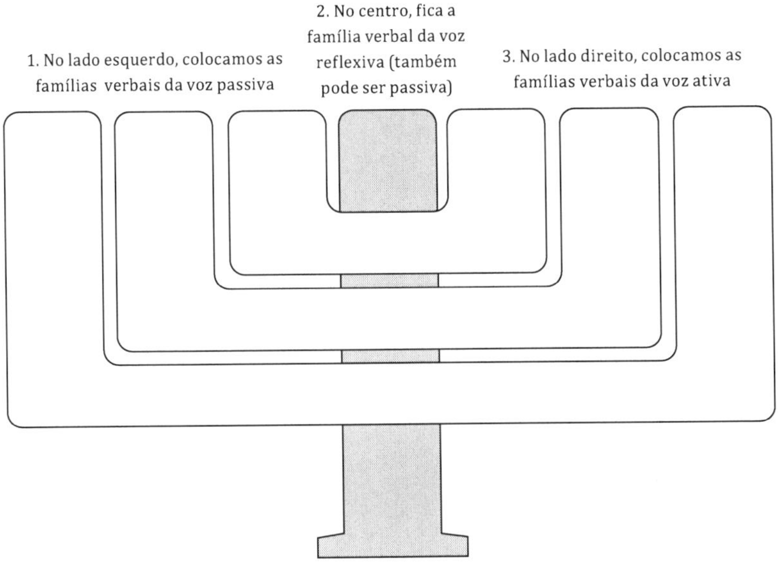
2. No centro, fica a família verbal da voz reflexiva (também pode ser passiva)
1. No lado esquerdo, colocamos as famílias verbais da voz passiva
3. No lado direito, colocamos as famílias verbais da voz ativa

Fonte: Adaptado de Bachar, 2004.

Em outras palavras, usaremos a figura de um candelabro (*menorá*) para **distribuir as sete famílias verbais**, de modo que nos ajude a entender melhor a correlação entre elas. Detalhando melhor, ficará como na Figura 5.2.

Figura 5.2 – Vislumbre das sete famílias verbais hebraicas no formato de um candelabro

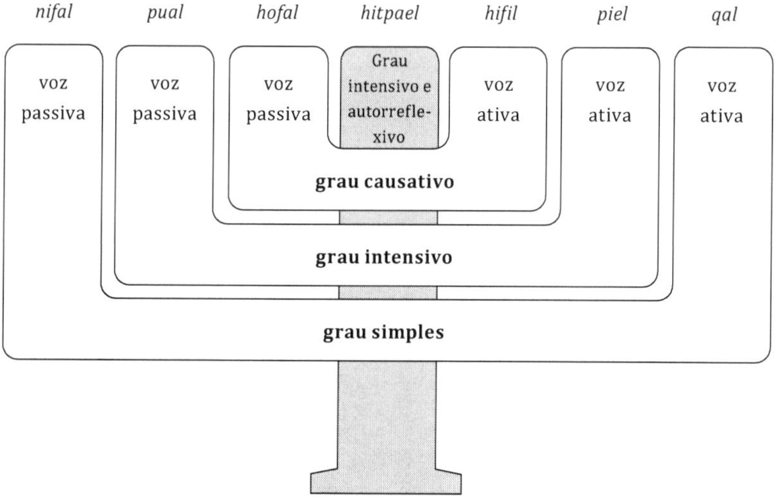
nifal
pual
hofal
hitpael
hifil
piel
qal
voz passiva
voz passiva
voz passiva
Grau intensivo e autorreflexivo
voz ativa
voz ativa
voz ativa
grau causativo
grau intensivo
grau simples

Fonte: Adaptado de Bachar, 2004.

Seguindo esse padrão, as famílias *qal* e *nifal* apresentam uma correspondência no que diz respeito à simplicidade da ação que descrevem e, concomitantemente, são opostos no sentido da voz em que se dá a ação, em si. O *qal* é usado como voz ativa (o sujeito pratica a ação do verbo), enquanto o *nifal* é uma ação passiva (o sujeito recebe a ação do verbo). Ficará assim, em nosso candelabro em construção:

Figura 5.3 – As famílias verbais *nifal* e *qal* no estado completo ביקר

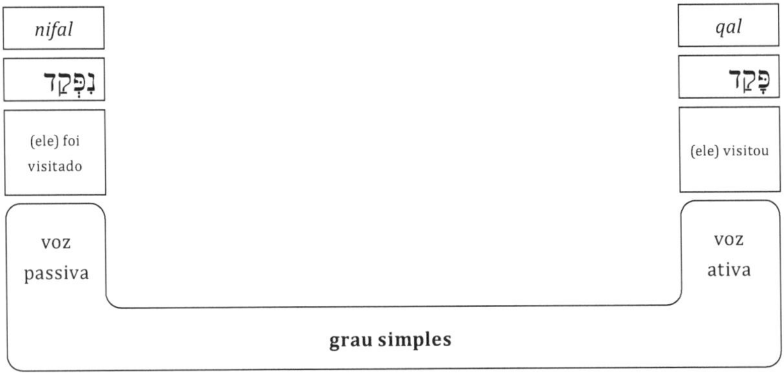

nifal
נִפְקַד
(ele) foi visitado
voz passiva
qal
פָּקַד
(ele) visitou
voz ativa
grau simples

Fonte: Adaptado de Bachar, 2004.

5.3 Verbos de ação intensiva, no estado completo do verbo forte

Como mencionamos anteriormente, há duas famílias que se enquadram nesta seção: a do *piel* e a do *pual*. A primeira é a forma ativa e a segunda, o *pual*, sua correspondente passiva.

Embora, em alguns casos, mudemos o radical quando traduzimos para o português, em geral usaremos a palavra *mesmo* para indicar a intensidade da ação. Isso quer dizer que há palavras hebraicas que podem ser traduzidas pelo mesma raiz em português. Tomemos alguns exemplos.

Palavra hebraica	Tradução no *qal*	Tradução no *nifal*	Tradução no *piel*	Tradução no *pual*
דבר	Falou	Foi falado	Falou mesmo ou veementemente (com o sentido de que falou intensamente)	Foi falado mesmo ou veementemente
ברה	Criou	Foi criado	Criou mesmo	Foi criado mesmo

Todavia, há palavras hebraicas que, quando estão na ação simples, devem ser traduzidas de uma forma e, quando estão na ação intensiva, ganham a conotação de outro significado. Vejamos alguns exemplos.

Palavra hebraica	Tradução no *qal*	Tradução no *nifal*	Tradução no *piel*	Tradução no *pual*
למד	Estudou	Foi estudado	Ensinou[16]	Foi ensinado
קטל	Matou	Foi morto	Massacrou	Foi massacrado
עלס	Alegrou-se	Foi alegrado	Regozijou-se	Foi regozijado*

5.3.1 Verbos da família *piel*, no estado completo do verbo forte

O *piel* é a família que procura descrever uma ação intensiva e de forma ativa. Por exemplo, enquanto no *qal* o sujeito faz, diz, anda, chora, no *piel* o sujeito faz tudo isso de forma intensa: faz *para valer*, diz *mesmo*, anda *com convicção*, chora *com toda sua alma*...

16 A explicação seria a seguinte: "só saberemos se a pessoa estudou de fato quando ela começar a ensinar".

A conjugação em hebraico segue a estrutura do *qal*. Veja o quadro a seguir e tente perceber a diferença entre o *piel* e o *qal*:

Quadro 5.10 – Conjugação do *piel*, na voz ativa e ação intensiva, no estado completo do verbo forte

Declinação em hebraico	Descrição analítica do verbo	Raiz		Tradução para o português
פִּקַדְתִּי[17]	1ª p.c.s.	פָּקַד	Verificar	(Eu) verifiquei mesmo[18] ou (eu) verificava mesmo
פִּקַדְתָּ	2ª p.m.s.	פָּקַד	Verificar	(Tu) (homem) verificaste mesmo ou tu verificavas mesmo
פִּקַדְתְּ	2ª p.f.s.	פָּקַד	Verificar	(Tu) (mulher) verificaste mesmo ou tu verificavas mesmo
פִּקַד	3ª p.m.s.	פָּקַד	Verificar	(Ele) verificou mesmo ou ele verificava mesmo
פִּקְדָה	3ª p.f.s.	פָּקַד	Verificar	(Ela) verificou mesmo ou ela verificava mesmo
פִּקַדְנוּ	1ª p.c.p.	פָּקַד	Verificar	(Nós) verificamos mesmo ou nós verificávamos mesmo

(continua)

17 Note que a única diferença para com a família do *qal* é o fato de a primeira sílaba usar a vogal *i*, e não o *a*, como o *qal*. O restante é igual.

18 Reconhecemos que fica um pouco feia uma tradução assim; todavia, num primeiro momento, devemos usar o mesmo para enfatizar o uso da intensidade na ação verbal que está sendo executada. Depois, numa segunda tradução ou numa versão mais comunicacional, então poderemos reformular a frase pensando mais na estética, sem tampouco esquecer do significado.

(Quadro 5.10 – conclusão)

Declinação em hebraico	**Descrição analítica do verbo**	**Raiz**		**Tradução para o português**
פִּקַּדְתֶּם	2ª p.m.p.	פָּקַד	Verificar	(Vós) (homens) verificastes mesmo ou vós verificáveis mesmo
פִּקַּדְתֶּן	2ª p.f.p.	פָּקַד	Verificar	(Vós) (mulheres) verificastes mesmo ou vós verificáveis mesmo
פִּקְּדוּ	3ª p.m. e f.p.	פָּקַד	Verificar	(Eles/elas) verificaram mesmo ou eles/elas verificavam mesmo

Como você deve ter observado, a única diferença para o *qal* é que a primeira sílaba inicia com a vogal *i*, e não com a vogal *a*. Já as terminações – que indicam quem é que está fazendo a ação – são sempre iguais, em todas as sete famílias.

4. Atividades de aprendizagem

I. Leia, observe e tente traduzir os seguintes exemplos. As respostas estão no final do livro (mas só as consulte depois de tentar sozinho).

(Isaías, 28: 16a)

אָבֶן׃	בְּצִיּוֹן	יִסַּד	הִנְנִי	יְהוִֹה	אֲדֹנָי	אָמַר	כֹּה	לָכֵן
Subs. masc. sing.: rocha, pedra	Prep. + nome próprio: em Sião	Verbo *qal* comp. 1ª p.c.s.: Fundar	Conj. + suf. pron. 1ª p.c.s.: eis quê eu	Nome próprio: Yavéh	Subs. masc. sing.: O senhor	Verbo *qal* comp. 3ª p.m.s.: Dizer	Adv.: assim, agora	Prep. + adv.: portanto

(Gênesis, 6: 22)

עָשָׂה׃	כֵּן	אֱלֹהִים	אֹתוֹ	צִוָּה	אֲשֶׁר	כְּכֹל	נֹחַ	וַיַּעַשׂ
Verbo *qal* comp. 3ª p.m.s.: fazer	Adv.: corretamente	Subs. masc. sing.	Part. de ob. dir. + suf. pron. 3ª p.m.s.: a ele	Verbo *qal* comp. 3ª p.m.s.: ordenar	Pron. dem.: que, qual, o que, quais	Prep. + adv.	Nome próprio Noé	Verbo *qal* comp. 3ª p.m.s.: fazer

(Juízes, 9: 24a)

אֶת־אֶחָיו׃	לַהֲרֹג	אֶת־יָדָיו	חִזְּקוּ	אֲשֶׁר
Part. ob. dir. + subs. masc. pl. const.: irmãos de + suf. pron. 3ª p.m.p.: deles	Prep.: a, para, de + verbo *qal* inf.: matar t	Part. ob. dir. + subs. masc. pl. const.: mãos de + suf. pron. 3ª p.m.p: deles	Verbo *piel* com 3ª p.m.p.: endurecer	Pron. dem.: os que

II. Preencha os dados do quadro a seguir, com base no modelo visto anteriormente.

Conjugação em hebraico	Pessoa	Gênero	Número	Raiz		Conjugação em português
	1ª, 2ª, 3ª	m., f. ou c.	s. ou p.	Hebraico	Português	
לִמַּדְתְּ	2ª	f.	s.	למד	Estudar	tu (mulher) estudaste mesmo[19] ou tu (mulher) estudavas mesmo[20]

19 Embora o ideal fosse traduzir como "Tu, mulher, ensinaste", aqui, por enquanto, manteremos a raiz do *estudar*, acrescida da palavra *mesmo*.

20 Em sua resposta, você pode usar uma ou outra tradução. Porém, lembre-se de que essas duas opções são igualmente válidas para uma primeira tradução do *piel* no estado completo.

Conjugação em hebraico	Pessoa	Gênero	Número	Raiz		Conjugação em português
	1ª, 2ª, 3ª	m., f. ou c.	s. ou p.	Hebraico	Português	
לָמַדְנוּ	1ª	c.	p.	למד	Estudar	
לָמַד	3ª	m.	s.	למד	Estudar	
לָמַדְתִּי	1ª	c.	s.	למד	Estudar	
לָמְדוּ	3ª	m., f.	p.	למד	Estudar	
לָמַדְתֶּם	2ª	m.	p.	למד	Estudar	
לָמְדָה	3ª	f.	s.	למד	Estudar	
לָמַדְתָּ	2ª	m.	s.	למד	Estudar	
לָמַדְתֶּן	2ª	f.	p.	למד	Estudar	

(continua)

III. Descreva as declinações verbais e escreva as suas respectivas conjugações.

Conjugação em hebraico	Pessoa	Gênero	Número	Raiz		Conjugação em português
	1ª, 2ª, 3ª	m., f. ou c.	s. ou p.	Hebraico	Português	
פְּקַדְתֶּן				פקד	Verificar[21]	
מָנַעְתָּ				מנע	Reter	
הִלַּךְ				הלך	Andar	
שׁוֹפוּ				שוף	Esmagar	
שָׁמַעְנוּ				שמע	Ouvir	

21 A língua hebraica é muito rica em significados. Assim, cada palavra pode ter uma variedade bem grande de possibilidades na tradução. Aqui, usamos apenas uma correspondente, para facilitar nossa dinâmica. Todavia, quando estiver traduzindo um texto bíblico, você deverá ir ao dicionário e anotar todas as possibilidades, para ampliar o seu entendimento naquele texto.

5.3.2 Verbos da família *pual*, no estado completo do verbo forte

A família do *pual* é a correspondente passiva do *piel*. Ambas demonstram a **intensidade da ação** realizada. Porém, enquanto o *piel* o faz na voz *ativa*, o *pual* é na voz *passiva*. Talvez você possa até estar imaginando qual será a diferença delas na conjugação hebraica.

A diferença é que, em vez de a primeira sílaba usar a vogal *i*, como no *piel*, ou a vogal *a* como no *qal*, o *pual* usará a vogal *u*. Por exemplo, o verbo *matar*, em hebraico, no *qal* leríamos *q**a**tal*, no *nifal* leríamos ***ni**qtal*, no *piel* seria *q**i**tal* e no *pual* será *q**u**tal*. Vejamos o nosso exemplo de conjugação em hebraico.

Quadro 5.11 – Conjugação do *pual*, na voz passiva e intensiva no estado completo do verbo forte

Declinação em hebraico	Descrição analítica do verbo	Raiz		Tradução para o português
		Hebraico	Português	
פֻּקַּדְתִּי[22]	1ª p.c.s.	פָּקַד	Verificar	(Eu) fui verificado mesmo ou intensamente[23]
פֻּקַּדְתָּ	2ª p.m.s.	פָּקַד	Verificar	(Tu) (homem) foste verificado intensamente

(continua)

22 Note que a única diferença para com a família do *piel* é o fato de a primeira sílaba usar a vogal *u*, e não o *i*, como o *piel*. O restante é igual.

23 Reconhecemos que fica um pouco feio uma tradução assim, mas, num primeiro momento, devemos usar a palavra *mesmo*, para enfatizar o uso da intensidade na ação verbal que está sendo executada. Depois, numa segunda tradução ou numa versão mais comunicacional, então poderemos reformular a frase pensando mais na estética, sem esquecer do seu significado.

(Quadro 5.11 – conclusão)

Declinação em hebraico	Descrição analítica do verbo	Raiz		Tradução para o português
		Hebraico	Português	
פֻּקַּדְתְּ	2ª p.f.s.	פָּקַד	Verificar	(Tu) (mulher) foste verificada intensamente
פֻּקַּד	3ª p.m.s.	פָּקַד	Verificar	(Ele) foi verificado intensamente
פֻּקְּדָה	3ª p.f.s.	פָּקַד	Verificar	(Ela) foi verificada intensamente
פֻּקַּדְנוּ	1ª p.c.p.	פָּקַד	Verificar	(Nós) fomos verificados intensamente
פֻּקַּדְתֶּם	2ª p.m.p.	פָּקַד	Verificar	(Vós) (homens) fostes verificados intensamente
פֻּקַּדְתֶּן	2ª p.f.p.	פָּקַד	Verificar	(Vós) (mulheres) fostes verificadas intensamente
פֻּקְּדוּ	3ª p.m. e f.p.	פָּקַד	Verificar	(Eles/elas) foram verificados/as intensamente

5. Atividade de aprendizagem

Preencha os dados do quadro a seguir, com base no modelo visto anteriormente.

Conjugação em hebraico	Pessoa	Gênero	Número	Raiz		Conjugação em português
	1ª, 2ª, 3ª	m., f. ou c.	s. ou p.	Hebraico	Português	
לֻמָדְנוּ	1ª	c.	p.	למד	Estudar	Nós fomos estudados mesmo ou intensamente.
לֻמָד	3ª	m.	s.	למד	Estudar	
לֻמָדְתְּ	2ª	f.	s.	למד	Estudar	
לֻמָדְתִּי	1ª	c.	s.	למד	Estudar	
לֻמְדוּ	3ª	m., f.	p.	למד	Estudar	
לֻמָדְתֶּם	2ª	m.	p.	למד	Estudar	
לֻמְדָה	3ª	f.	s.	למד	Estudar	
לֻמָדְתָּ	2ª	m.	s.	למד	Estudar	
לֻמָדְתֶּן	2ª	f.	p.	למד	Estudar	

Vamos, então, voltar ao nosso candelabro e ver como ficam as conjugações que vimos até agora, na Figura 5.4, a seguir.

Figura 5.4 – Gráfico verbal de candelabro do verbo forte, famílias *pual* e *piel*

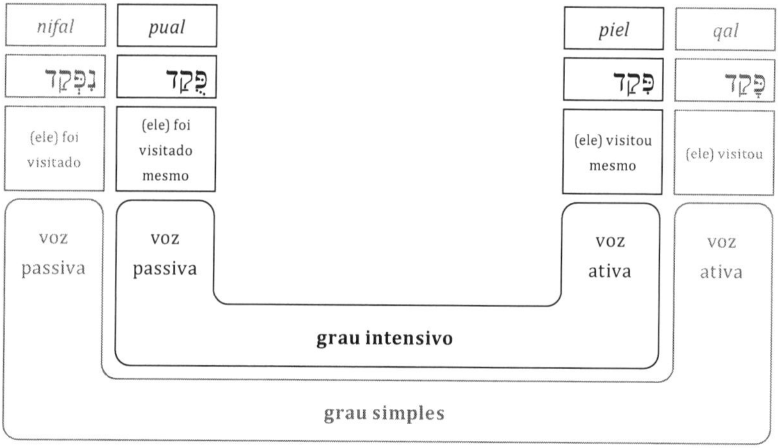
nifal
נִפְקַד
(ele) foi visitado
pual
פֻּקַּד
(ele) foi visitado mesmo
piel
פִּקֵּד
(ele) visitou mesmo
qal
פָּקַד
(ele) visitou
voz passiva
voz passiva
voz ativa
voz ativa
grau intensivo
grau simples

Fonte: Adaptado de Bachar, 2004.

6. Atividade de aprendizagem

Leia, complete a análise e traduza os seguintes versículos:

(Deuteronômio, 1: 1a)

אֶל־כָּל־יִשְׂרָאֵל׃	מֹשֶׁה	דִּבֶּר	אֲשֶׁר	הַדְּבָרִים	אֵלֶּה
Prep.+ adv. + nome próprio	Nome próprio	Verbo.: falar	Pron dem.	Art. + subs. masc. pl.: as palavras	Pron dem. masc. pl.

(Gênesis, 46: 27a)

שְׁנָיִם׃	נֶפֶשׁ	בְמִצְרַיִם	לוֹ	יֻלַּד	אֲשֶׁר	יוֹסֵף	וּבְנֵי
Num.: dois	Subs. masc. sing.: vida, alma	Prep. + subs. ou nome de lugar	Prep. + suf. pron. 3ª p.m.p.	Verbo: gerar	Pron. dem.	Nome próprio	*waw* conj. + subs. masc. sing. const.:

(Deuteronômio, 1: 3c)

אֲלֵהֶם׃	אתו	יְהוָה	צִוָּה	אֲשֶׁר	כְּכֹל
Prep. + suf. pron. 3ª p.m.p.	Part. ob. dir. + suf. pron. 3ª p.m.s.	Nome próprio	Verbo: ordenar	Pron. dem.:	Prep. + adv.

(Jeremias, 10: 20a)

וְאֵינָם׃	יְצָאֻנִי	בָּנַי	נִתָּקוּ	מֵיתָרַי	וְכָל	שֻׁדָּד	אָהֳלִי
waw conj. + verbo: não ter, não existir + suf. pron. 3ª p.m.p.	Foram arrancados de mim	Subs. masc. pl. + suf. pron. 1ª p.c.s.	Verbo *qal* comp. 3ª p.m.p.: quebrar, arrebentar	Subs. + suf. pron. 1ª p.c.p.: as minhas cordas	*waw* conj. + adv.	Verbo: destruir	Subs. + suf. pron. 1ª p.c.s.: a minha tenda

5.4 Verbos de ação causativa, no estado completo do verbo forte

Existem, em hebraico, duas famílias de verbos que procuram demonstrar um segundo sujeito responsável pela ação do verbo, ou seja, aquele que leva o sujeito a fazer algo. Portanto, na voz **ativa**, esse sujeito leva alguém a fazer algo, enquanto que, na voz **passiva**, o sujeito é levado ou induzido a fazer a ação.

Em outras palavras, se um verbo estiver na declinação do ***hifil***, ele deverá ser traduzido na **voz ativa**: *ele fez estudar, ele induziu a estudar, ele levou a estudar* ou *ele obrigou a estudar*. E se um verbo estiver na declinação do ***hofal***, deverá ser traduzido na **voz passiva**: "ele foi levado a estudar", "ele foi induzido a estudar", "ele foi lembrado de estudar" ou "ele foi obrigado a estudar".

Embora exista um campo de possibilidades bem grande, aqui adotaremos o verbo auxiliar *fazer* para a voz ativa e o verbo *obrigar* como auxiliar para a voz passiva, por terem um campo de aplicabilidade maior.

5.4.1 *Hifil*, família de voz ativa e ação causativa, no estado completo do verbo forte

A primeira família dos verbos causativos a ser estudada será o ***hifil***. Sua peculiaridade é o prefixo *hi-*, acrescido antes dos verbos, e um *yúde* anterior à última letra da raiz, para as declinações da 3ª pessoa. Observe o quadro a seguir e procure salientar sua distinção.

Quadro 5.12 – Conjugação do *hifil*, no estado completo do verbo forte

Declinação em hebraico	Descrição analítica do verbo	Raiz		Tradução para o português
הִפְקַדְתִּי	1ª p.c.s.	פָּקַד	Verificar	(Eu) fiz verificar
הִפְקַדְתָּ	2ª p.m.s.	פָּקַד	Verificar	(Tu) (homem) fizeste verificar
הִפְקַדְתְּ	2ª p.f.s.	פָּקַד	Verificar	(Tu) (mulher) fizeste verificar
הִפְקִיד	3ª p.m.s.	פָּקַד	Verificar	(Ele) fez verificar
הִפְקִידָה	3ª p.f.s.	פָּקַד	Verificar	(Ela) fez verificar
הִפְקַדְנוּ	1ª p.c.p.	פָּקַד	Verificar	(Nós) fizemos verificar
הִפְקַדְתֶּם	2ª p.m.p.	פָּקַד	Verificar	(Vós) (homens) fizestes verificar
הִפְקַדְתֶּן	2ª p.f.p.	פָּקַד	Verificar	(Vós) (mulheres) fizestes verificar
הִפְקִידוּ	3ª p.m. e f.p.	פָּקַד	Verificar	(Eles/elas) fizeram verificar

7. Atividades de aprendizagem

I. Preencha os dados do quadro a seguir, com base no modelo visto anteriormente.

Conjugação em hebraico	Pessoa	Gênero	Número	Raiz		Conjugação em português
	1ª, 2ª, 3ª	m., f. ou c.	s. ou p.	Hebraico	Português	
הִלְמִיד	3ª	m.	s.	למד	Estudar	Ele fez estudar[24]
הִלְמַדְתְּ	2ª	f.	s.	למד	Estudar	
הִלְמַדְנוּ	1ª	c.	p.	למד	Estudar	
הִלְמַדְתִּי	1ª	c.	s.	למד	Estudar	
הִלְמִידוּ	3ª	m., f.	p.	למד	Estudar	
הִלְמַדְתֶּם	2ª	m.	p.	למד	Estudar	
הִלְמִידָה	3ª	f.	s.	למד	Estudar	
הִלְמַדְתָּ	2ª	m.	s.	למד	Estudar	
הִלְמַדְתֶּן	2ª	f.	p.	למד	Estudar	

II. Leia, complete a análise e traduza os seguintes versículos:

(Jeremias, 12: 14b)

אֶת־יִשְׂרָאֵל׃	אֶת־עַמִּי	הִנְחַלְתִּי	אֲשֶׁר	בַּנַּחֲלָה
Part. de ob. dir. + nome próprio:	Part. de ob. dir. + subs. masc. sing. const. + suf. pron. 1ª p.c.s.	Verbo: dar	Art. + subs.	Prep. + art. + subs. fem. sing.: herança

24 Dependendo do contexto, pode ser traduzido como "ele fez com que estudasse" ou, ainda, "ele levou a estudar".

(Gênesis, 2: 5b)					
עַל־הָאָרֶץ׃	אֱלֹהִים	יְהוָה	הִמְטִיר	לֹא	כִּי
Prep.: + subs. masc. sing.:	Subs. masc. sing.	Nome próprio	Verbo: chover	Adv. neg.	Part. dem.:

5.4.2 *Hofal*, família de voz passiva e ação causativa, no estado completo do verbo forte

O ***hofal*** é a família correspondente ao *hifil*, na voz passiva. Aqui, numa primeira tradução, usaremos o verbo *obrigar* como seu auxiliar, traduzindo como "fui obrigado" *a* e as pessoas subsequentes. Observe o quadro a seguir e perceba que, em vez do prefixo *hi-*, o *hofal* usa o prefixo *ho-*. Outra diferença para com o *hifil* é que ele não usa o *yúde* nas terceiras pessoas. Seu distintivo é apenas o *ho-*, no início do verbo. Confira a seguir.

Quadro 5.13 – Conjugação do *hofal*, na voz passiva e ação causativa, no estado completo do verbo forte

Declinação em hebraico	Descrição analítica do verbo	Raiz		Tradução para o português
הָפְקַדְתִּי	1ª p.c.s.	פָּקַד	Verificar	(Eu) fui obrigado a verificar
הָפְקַדְתָּ	2ª p.m.s.	פָּקַד	Verificar	(Tu) (homem) foste obrigado a verificar
הָפְקַדְתְּ	2ª p.f.s.	פָּקַד	Verificar	(Tu) (mulher) foste obrigada a verificar

(continua)

(Quadro 5.13 – conclusão)

Declinação em hebraico	Descrição analítica do verbo	Raiz		Tradução para o português
הָפְקַד	3ª p.m.s.	פָּקַד	Verificar	(Ele) foi obrigado a verificar
הָפְקְדָה	3ª p.f.s.	פָּקַד	Verificar	(Ela) foi obrigada a verificar
הָפְקַדְנוּ	1ª p.c.p.	פָּקַד	Verificar	(Nós) fomos obrigados a verificar
הָפְקַדְתֶּם	2ª p.m.p.	פָּקַד	Verificar	(Vós) (homens) fostes obrigados a verificar
הָפְקַדְתֶּן	2ª p.f.p.	פָּקַד	Verificar	(Vós) (mulheres) fostes obrigadas a verificar
הָפְקְדוּ	3ª p.m. e f.p.	פָּקַד	Verificar	(Eles/elas) foram obrigados/as a verificar

8. Atividades de aprendizagem

I. Preencha os dados do quadro a seguir, com base no modelo visto anteriormente.

Conjugação em hebraico	Pessoa	Gênero	Número	Raiz		Conjugação em português
	1ª, 2ª, 3ª	m., f. ou c.	s. ou p.	Hebraico	Português	
הָלְמָדְתֶּן	2ª	f.	p.	למד	Estudar	Vós (mulheres) fostes obrigadas a estudar.
הָלְמָד	3ª	m.	s.	למד	Estudar	
הָלְמָדְתְּ	2ª	f.	s.	למד	Estudar	

(continua)

(conclusão)

Conjugação em hebraico	Pessoa	Gênero	Número	Raiz		Conjugação em português
	1ª, 2ª, 3ª	m., f. ou c.	s. ou p.	Hebraico	Português	
הָלְמַדְנוּ	1ª	c.	p.	למד	Estudar	
הָלְמַדְתִּי	1ª	c.	s.	למד	Estudar	
הָלְמְדוּ	3ª	m., f.	p.	למד	Estudar	
הָלְמַדְתֶּם	2ª	m.	p.	למד	Estudar	
הָלְמְדָה	3ª	f.	s.	למד	Estudar	
הָלְמַדְתָּ	2ª	m.	s.	למד	Estudar	

II. Leia, complete a análise e traduza os seguintes versículos.

(Jó, 7: 3a)

כֵּן הָנְחַלְתִּי לִי יַרְחֵי שָׁוְא וְלֵילוֹת עָמָל מִנּוּ לִי׃

לִי׃	מִנּוּ	עָמָל	וְלֵילוֹת	שָׁוְא	יַרְחֵי	לִי	הָנְחַלְתִּי	כֵּן
Prep. + suf. pron. 1ª p.c.s.	Verbo *piel* comp. 3ª p.f.p.: ofertar	Subs. masc. sing. abs.: labuta, canseira, aflição	*waw* conj. + subs. f. pl. const.: noites de	Subs. masc. sing. abs.: escassez	Subs. masc. pl. const.: meses de	Prep.+ suf. pron. 1ª p.c.s.	Verbo: receber	Adv.: assim

(Isaías, 14: 19a)

וְאַתָּה הָשְׁלַכְתָּ מִקִּבְרְךָ׃

מִקִּבְרְךָ׃	הָשְׁלַכְתָּ	וְאַתָּה
Prep. + subs. masc. sing. + suf. pron. 2ª p.m.s.: da tua sepultura	Verbo: sair	*waw* conj + pron. pes. 2ª p.m.s.

Vamos ver, agora, como fica o nosso candelabro (*menorá*) dos verbos em hebraico, após conhercermos o *hifil* e o *hofal*, na Figura 5.5.

Figura 5.5 – Gráfico verbal dos verbos fortes nas famílias *hofal* e *hifil*

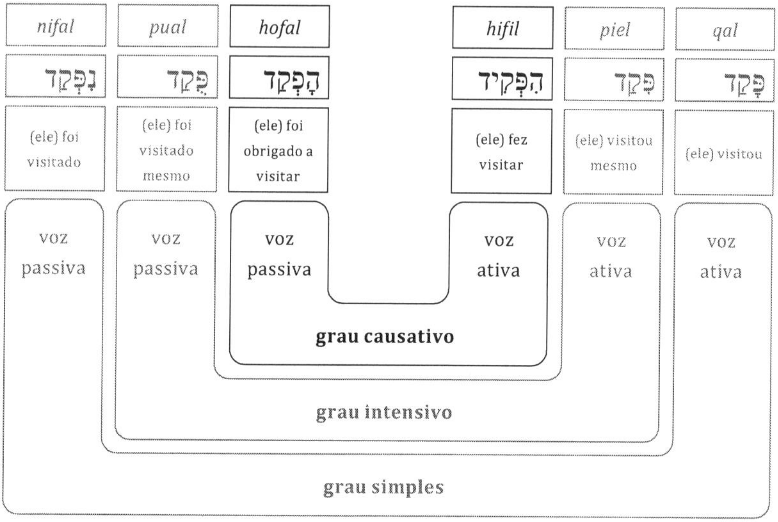

nifal
נִפְקַד
(ele) foi visitado
pual
פֻּקַּד
(ele) foi visitado mesmo
hofal
הָפְקַד
(ele) foi obrigado a visitar
hifil
הִפְקִיד
(ele) fez visitar
piel
פִּקֵּד
(ele) visitou mesmo
qal
פָּקַד
(ele) visitou
voz passiva
voz passiva
voz passiva
voz ativa
voz ativa
voz ativa
grau causativo
grau intensivo
grau simples

Fonte: Adaptado de Bachar, 2004.

5.5 Verbos de voz reflexiva e ação intensiva, no estado completo do verbo forte

Neste tópico, estudaremos a última família a compor o nosso gráfico verbal: a ***hitpael***. Ela é uma das mais complexas, pois tem um campo maior de possibilidades para interpretação.

A ideia básica para sua tradução é pensarmos numa ação feita pelo próprio sujeito sobre ele mesmo e de forma intensa. Porém, outras possibilidades de tradução podem ser aceitas, em conformidade com o que o contexto permitir.

Todavia, embora possa haver tanta incerteza, não devemos nos preocupar, pois o próprio contexto nos dá uma luz sobre as palavras simples e, para as palavras mais difíceis, recorremos aos comentaristas – eles, geralmente, nos dão uma boa luz sobre o assunto.

5.5.1 *Hitpael*, família de voz reflexiva e ação intensiva, no estado completo

Como você pode imaginar, a característica distintiva da família do *hitpael* é o prefixo *hit-*. Visualmente, é a mais fácil de ser identificada, mas a mais difícil de ser traduzida.

Embora usemos aqui uma tradução inicial padrão, o contexto é muito determinante para sua tradução final. Num primeiro momento, traduzimos com a ideia de que *o sujeito agiu sobre si mesmo, de forma intensa*. Confira a seguir.

Quadro 5.14 – Conjugação do *hitpael*, inicialmente em voz reflexiva e ação intensiva, no estado completo

Declinação em hebraico	Descrição analítica do verbo	Raiz		Tradução para o português
		Hebraico	Português	
הִתְפַּקַּדְתִּי	1ª p.c.s.	פָּקַד	Verificar	(Eu) me verifiquei (mesmo)
הִתְפַּקַּדְתָּ	2ª p.m.s.	פָּקַד	Verificar	(Tu) (homem) te verificaste (mesmo)
הִתְפַּקַּדְתְּ	2ª p.f.s.	פָּקַד	Verificar	(Tu) (mulher) te verificaste (mesmo)
הִתְפַּקֵּד	3ª p.m.s.	פָּקַד	Verificar	(Ele) se verificou (mesmo)

(continua)

(Quadro 5.14 – conclusão)

Declinação em hebraico	Descrição analítica do verbo	Raiz		Tradução para o português
		Hebraico	Português	
הִתְפַּקְּדָה	3ª p.f.s.	פָּקַד	Verificar	(Ela) se verificou (mesmo)
הִתְפַּקַּדְנוּ	1ª p.c.p.	פָּקַד	Verificar	(Nós) nos verificamos (mesmo)
הִתְפַּקַּדְתֶּם	2ª p.m.p.	פָּקַד	Verificar	(Vós) (homens) vos verificastes (mesmo)
הִתְפַּקַּדְתֶּן	2ª p.f.p.	פָּקַד	Verificar	(Vós) (mulheres) vos verificastes (mesmo)
הִתְפַּקְּדוּ	3ª p.m. e f.p.	פָּקַד	Verificar	(Eles/elas) se verificaram (mesmo)

9. Atividade de aprendizagem

Leia atentamente e observe os exemplos a seguir.

(I Samuel 8: 4)

הָרָמָתָה׃	אֶל־שְׁמוּאֵל	וַיָּבֹאוּ	יִשְׂרָאֵל	זִקְנֵי	כֹּל	וַיִּתְקַבְּצוּ
Nome próprio de lugar: Ramá	Prep.: + nome próprio	*waw* conv. + verbo *qal* imperf. 3. p.p.m./f.: ir = foram	Nome próprio	Subs. const. masc. sing.	Pron. indef.	Verbo: reunir

Todos os anciãos de Israel se reuniram (mesmo) e foram até a presença de Samuel, em Ramá.

(I Samuel, 12: 2b)

הַזֶּה׃	עַד־הַיּוֹם	מִנְּעֻרַי	לִפְנֵיכֶם	הִתְהַלַּכְתִּי	וַאֲנִי
Art. + pron. dem. sing.	Adv.: + art. + subs. masc. sing.	Prep.+ subs. const. masc. sing.: juventude + suf. pron. 1ª p.s.c.	Prep. + suf. pron. 2ª p.m.p.	Verbo: andar	*waw* conj. + pron. pes. 1ª p.s.c.

Eu me fiz andar mesmo diante de vós, desde a minha juventude até este dia.

Eu estive diante de vós, desde a minha juventude até o dia de hoje.

I. Agora leia, complete a análise e traduza os seguintes versículos:

(I Reis 20: 22)

הִתְחַזַּק׃	לֵךְ	לוֹ	וַיֹּאמֶר	יִשְׂרָאֵל	אֶל־מֶלֶךְ	הַנָּבִיא	וַיִּגַּשׁ
Verbo: fortalecer	Verbo imper.: vá	Prep. + suf. pron. 3ª p.m.s.	*waw* + verbo (em declinação especial): e disse	Nome próprio	Prep. + subs. const. m.s.	Art. + subs. masc. sing.	*waw* conj. + verbo: chegar

Figura 5.6 – Gráfico verbal dos verbos fortes na família *hitpael*

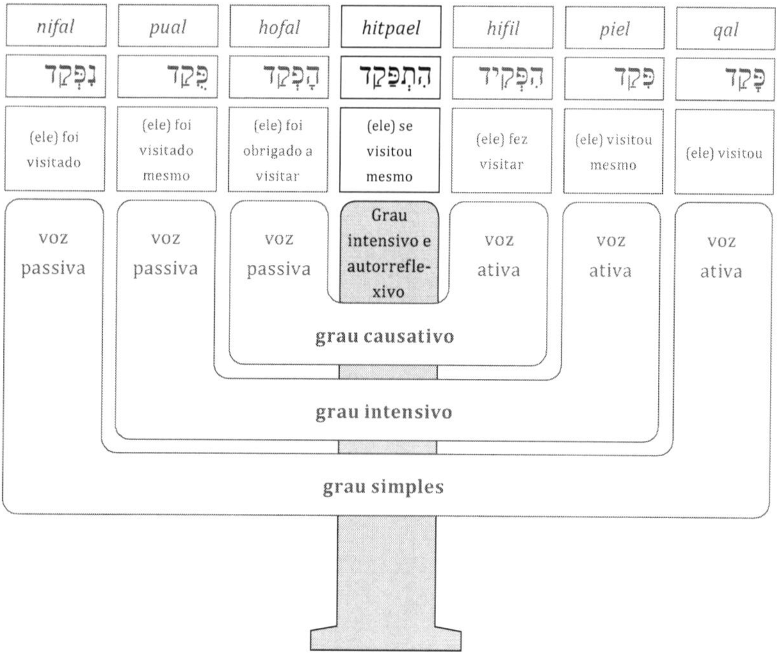
nifal
pual
hofal
hitpael
hifil
piel
qal
נִפְקַד
פֻּקַּד
הָפְקַד
הִתְפַּקֵּד
הִפְקִיד
פִּקֵּד
פָּקַד
(ele) foi visitado
(ele) foi visitado mesmo
(ele) foi obrigado a visitar
(ele) se visitou mesmo
(ele) fez visitar
(ele) visitou mesmo
(ele) visitou
voz passiva
voz passiva
voz passiva
Grau intensivo e autorreflexivo
voz ativa
voz ativa
voz ativa
grau causativo
grau intensivo
grau simples

Fonte: Adaptado de Bachar, 2004.

Dessa maneira, completamos nosso estudo das sete famílias dos verbos fortes em hebraico. A seção seguinte será uma recapitulação do que vimos até aqui sobre os verbos.

5.6 Resumo geral dos verbos regulares, nas sete principais famílias

Até aqui conhecemos algumas das características dos **verbos** em hebraico. Já vimos que eles:

a) são divididos em vozes, *ativa*, *reflexiva* e *passiva*.
b) podem ser classificados pelo tipo de ação que exercem sobre o verbo – *grau simples*, *intensivo*, *causativo* e *autorreflexivo*;
c) podem estar no *estado completo* (indicando completude da ação) ou *incompleto* (algo inacabado), geralmente traduzidos como passado e futuro, respectivamente;
d) podem ser separados em *fortes* e *fracos*, dependendo da raiz que o verbo apresenta.

Também vimos as **sete famílias principais** dos verbos fortes. Por essa expressão, podemos imaginar que, se essas sete foram as *principais*, deve haver também as *menos comuns*. Sim, isso é correto, pois além dos verbos ***qal*** e ***nifal***, ***piel*** e ***pual***, ***hifil*** e ***hofal***, e ***hitpael***, há ainda algumas famílias menos usadas, mas que, num primeiro momento, podem ser traduzidas usando uma das formas já conhecidas.

Vejamos os exemplos a seguir (Gusso, 2005, p. 192):

a) Os verbos ***polel***, ***pilpel***, ***poel***, ***palal*** e ***pealal*** têm características distintas entre si; porém, na tradução, num primeiro momento, podemos seguir a ideia do *piel*.

b) Com os verbos ***polal, polpal, poal*** e ***pulal***, ocorre da mesma forma. Embora apresentem certas distinções entre si, poderemos traduzi-los como *passivo intensivo*, à semelhança do *pual*.
c) Os verbos ***hitpolel, hitpalpel*** e ***hitpoel*** podem ser traduzidos como *ação reflexiva e intensiva*, como se fossem o *hitpael*.

Mostramos a seguir, na Figura 5.7, um quadro completo com os principais verbos e suas possíveis traduções.

Figura 5.7 – As sete principais famílias verbais no estado completo

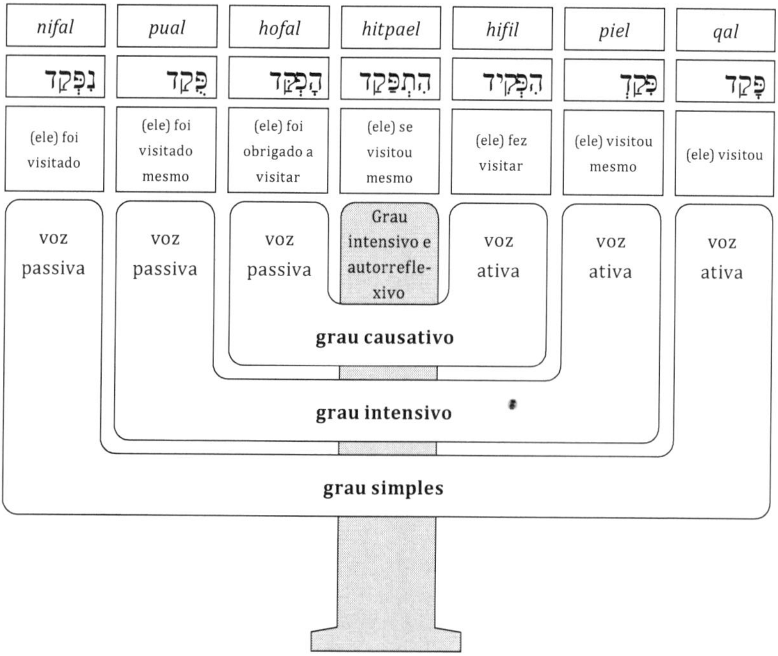

nifal
pual
hofal
hitpael
hifil
piel
qal
נִפְקַד
פֻּקַּד
הָפְקַד
הִתְפַּקֵּד
הִפְקִיד
פִּקֵּד
פָּקַד
(ele) foi visitado
(ele) foi visitado mesmo
(ele) foi obrigado a visitar
(ele) se visitou mesmo
(ele) fez visitar
(ele) visitou mesmo
(ele) visitou
voz passiva
voz passiva
voz passiva
Grau intensivo e autorreflexivo
voz ativa
voz ativa
voz ativa
grau causativo
grau intensivo
grau simples

Fonte: Adaptado de Bachar, 2004.

5.7 Os verbos incompletos e outras modalidades

Além dos verbos declinados no estado completo, o que, numa primeira tradução, optamos por verter como o nosso tempo verbal *pretérito*, em hebraico há o estado no **incompleto** ou **imperfeito**. Há duas formas de demonstrar isso: modificando as terminações do verbo, com base em sua raiz, ou, o que é muito mais comum, acrescentando um *waw* no início do verbo.

Fora esse uso do incompleto, também estudaremos outras formas com que o verbo se apresenta em hebraico. Há conjugações próprias para súplica (chamada de *jussiva*) e também existem, como em português, as formas do imperativo, do infinitivo e do particípio.

5.7.1 Os verbos fortes incompletos[25] com terminações próprias

Esse estado, como explicamos anteriormente, procura descrever ações não plenamente realizadas. Como primeira tradução, usamos o futuro, mas ele pode estar se referindo a algo do passado. Um exemplo de seu uso está em Salmos, 1: 2, quando o salmista diz que "medita na Lei do Senhor dia e noite", ele usa o incompleto. Portanto, embora seja uma ação do passado, a Lei de Yavéh é tão profunda que não há como meditar nela de forma total. Sempre há o que aprender. Por esse motivo, ele usou o verbo conjugado no estado incompleto.

25 O *incompleto* também pode ser chamado de *imperfeito* e o *completo*, de *perfeito*.

As distinções entre as famílias são bem pequenas e daria muito trabalho decorá-las. O que nos importa, neste momento, é saber diferenciá-los na hora da tradução.

Veja o exemplo a seguir.

Figura 5.8 – As sete principais famílias verbais no estado incompleto

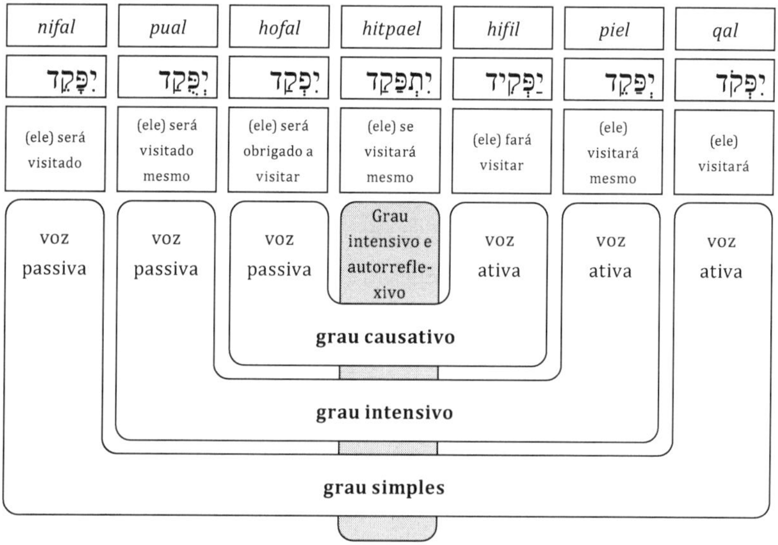

nifal
pual
hofal
hitpael
hifil
piel
qal
יִפָּקֵד
יְפֻקַּד
יָפְקַד
יִתְפַּקֵּד
יַפְקִיד
יְפַקֵּד
יִפְקֹד
(ele) será visitado
(ele) será visitado mesmo
(ele) será obrigado a visitar
(ele) se visitará mesmo
(ele) fará visitar
(ele) visitará mesmo
(ele) visitará
voz passiva
voz passiva
voz passiva
Grau intensivo e autorreflexivo
voz ativa
voz ativa
voz ativa
grau causativo
grau intensivo
grau simples

Fonte: Adaptado de Bachar, 2004.

10. Atividade de aprendizagem

Efetue a tradução a seguir, a partir do exemplo dado.

Declinação em hebraico	Descrição analítica do verbo	Raiz		Tradução para o português
		Hebraico	Português	
נְרַנְּנָה	*piel* incompleto 1ª p.c.p.	רנן	Cantar mesmo com alegria	Nós cantaremos intensamente de alegria ou jubilaremos de tanta alegria
תַּעְשְׁרֶנָּה	*hifil* incompleto 3ª p.f.s.	עשר	Fazer	
תְּקֻטַּלְןָ	*pual* incompleto 2ª p.f.p.	קטל	Matar	
נָרִיעָה	*hifil* incompleto 1ª p.m.s.	רוע	Fazer gritar de júbilo	
יִשְׁכֹּן	*qal* incompleto 3ª p.m.s.	שכן	Morar, habitar	
יִתְרוֹעֲעוּ	*hitpael* incompleto 3ª p.m.p.	רוע	Gritar em triunfo	
תִּבְחַר	*qal* incompleto 2ª p.m.s.	בחר	Provar, eleger	
תְּשֹׁקְקֶהָ	*piel* incompleto 2ª p.m.s.	שוק	Presentear em abundância	
יָבֹאוּן	*qal* incompleto 3ª p.m. e f.p.	בוא	Ir, entrar	

5.7.2 O *waw* conversivo

O hebraico tem outra forma para registrar o aspecto verbal incompleto, incompletivo ou imperfeito é usar a mesma terminação do completo e acrescentar um *waw* como prefixo (e vice-versa). Esse *waw* pode, ou não, vir acompanhado de qualquer vogal. Anteriormente, havíamos conhecido o *waw* conjuntivo que, acrescido antes de substantivos ou adjetivos, tem a função de conjunção. Em hebraico, o *waw* também pode ser acrescido antes de verbos, mudando-lhes o aspecto, de completivo para incompletivo ou o contrário.

Quando isso acontece, ele muda o estado da ação verbal. Portanto, se um verbo está conjugado como *completo*, porém com um *waw* no início, ele deverá ser traduzido como *incompleto*. Em contrapartida, se o verbo leva a declinação do incompleto, mas for iniciado com um *waw*, deverá ser traduzido como completo. Às vezes, além dessa função conversiva, ele ainda pode manter a função de conjunção.

Verbos fortes completos convertidos em incompletos pelo uso do *waw*

Nesse caso, as terminações são idênticas àquelas do verbo completo. A diferença é que, antes do verbo – mas ligado a ele –, aparece um *waw*. Este pode ter sentido de conjunção, mas, principalmente, tem a função de transformar o uso do verbo.

Veja o exemplo a seguir.

Figura 5.9 – As sete principais famílias verbais no estado completo + *waw* conversivo

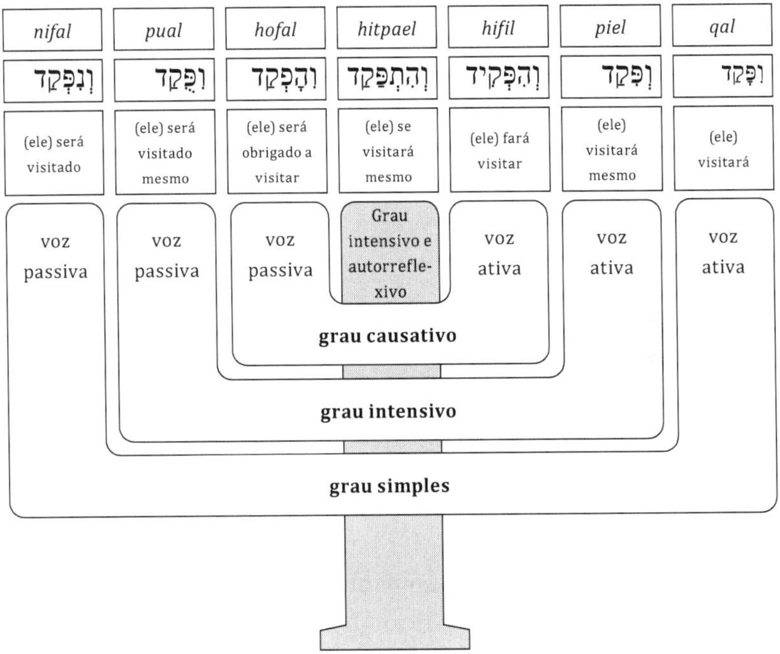
nifal
pual
hofal
hitpael
hifil
piel
qal
וְנִפְקַד
וּפֻקַּד
וְהָפְקַד
וְהִתְפַּקַּד
וְהִפְקִיד
וְפִקַּד
וּפָקַד
(ele) será visitado
(ele) será visitado mesmo
(ele) será obrigado a visitar
(ele) se visitará mesmo
(ele) fará visitar
(ele) visitará mesmo
(ele) visitará
voz passiva
voz passiva
voz passiva
Grau intensivo e autorreflexivo
voz ativa
voz ativa
voz ativa
grau causativo
grau intensivo
grau simples

Fonte: Adaptado de Bachar, 2004.

O *waw*, quando usado como sufixo de algum verbo, além de sua principal função que é a **conversão**, ainda pode manter a função de **conjunção**. Isso sempre fica claro pelo contexto. Observe dois exemplos do uso do *waw* conversivo em verbos do completo.

Quadro 5.15 – Verbos no estado completo iniciados com *waw* conversivo

הִתְפַּקַּדְתִּי	*hitpael* compl. 1ª p.c.s.	פָּקַד	Verificar	(Eu) me verifiquei (mesmo)
וְהִתְפַּקַּדְתִּי	*waw* conv. + *hitpael* completo 1ª p.c.s.	פָּקַד	Verificar	(Eu) me verificarei (mesmo) Ou, dependendo do contexto: E (eu) me verificarei (mesmo)
הִלְמַדְנוּ	*hifil* compl. 1ª p.c.p.	למד	Estudar	Nós fizemos estudar, ou nós levamos a estudar, ou, ainda, nós obrigamos a estudar
וְהִלְמַדְנוּ	*waw* conv. + *hifil* compl. 1ª p.c.p.	למד	Estudar	Nós faremos estudar ou nós levaremos a estudar etc. Ou, ainda, pelo contexto: E nós faremos estudar

Verbos fortes incompletos convertidos em completos pelo uso do *waw*

Nesse caso, as terminações são idênticas àquelas do verbo conjugados no estado incompleto. A diferença é que, antes do verbo – mas ligado a ele –, aparece um *waw*. Este pode ter sentido de conjunção, mas, principalmente, tem a função de transformar o uso do verbo. Por essa razão, embora a terminação seja do incompleto, o uso e a tradução serão como se ele estivesse no estado completo. Veja os exemplos do uso na Figura 5.10.

Figura 5.10 – As sete principais famílias verbais no estado incompleto + *waw* conversivo

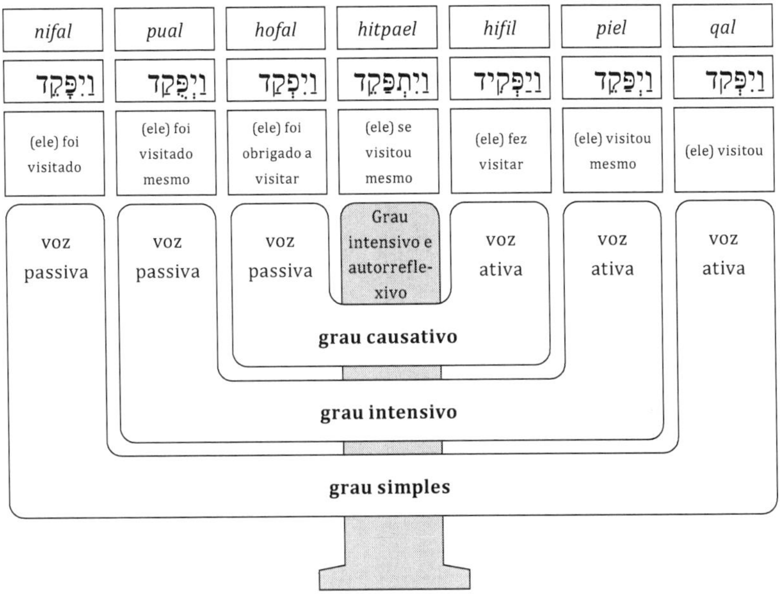

nifal
pual
hofal
hitpael
hifil
piel
qal
וַיִּפָּקֵד
וַיְפֻקַּד
וַיָּפְקַד
וַיִּתְפַּקֵּד
וַיַּפְקִיד
וַיְפַקֵּד
וַיִּפְקֹד
(ele) foi visitado
(ele) foi visitado mesmo
(ele) foi obrigado a visitar
(ele) se visitou mesmo
(ele) fez visitar
(ele) visitou mesmo
(ele) visitou
voz passiva
voz passiva
voz passiva
Grau intensivo e autorreflexivo
voz ativa
voz ativa
voz ativa
grau causativo
grau intensivo
grau simples

Fonte: Adaptado de Bachar, 2004.

Para deixar bem claro, vejamos alguns exemplos, no Quadro 5.16, destacando apenas as conjugações.

Quadro 5.16 – Exemplos de verbos

תְּשַׁקְקֶה	*piel* incompleto 2ª p.m.s.	שׁוק	Presentear em abundância	Vós (homens) presenteareis em abundância
וּתְשַׁקְקֶה	*waw* conversivo + *piel* incompleto 2ª p.m.s.	שׁוק	Presentear em abundância	A tradução, que deveria ser no futuro, passa a ser no passado: Vós (homens) presenteastes em abundância Ou ainda: E vós (homens) presenteastes em abundância

(continua)

(Quadro 5.16 – conclusão)

יָבֹאוּן	*qal* incompleto 3ª p.m. e f.p.	בוא	Ir, entrar	Eles/elas entrarão
וַיָּבֹאוּן	*waw* conv. + *qal* incompleto 3ª p.m. e f.p.	בוא	Ir, entrar	Eles ou elas entraram Ou ainda: E eles ou elas entraram.

11. Atividade de aprendizagem

Efetue a tradução a seguir, respeitando as declinações de cada verbo.

Declinação em hebraico	Descrição analítica do verbo	Raiz		Tradução para o português
		Hebraico	Português	
וּנְרַנְּנָה	*waw* conv. + *piel* incomp. 1ª p.c.p.	רנן	Cantar mesmo com alegria	
הָלְמָדוּ	*waw* conv. + *hofal* compl.	למד	Estudar	
תְּקֻטַּלְנָהוּ	*waw* conv. + *pual* incomp. 2ª p.f.p.	קטל	Matar	
וְנָרִיעָה	*waw* conv. + *hifil* incomp. 1ª p.m.s.	רוע	Fazer gritar de júbilo	
הִתְקַבְּצוּ	*hitpael* compl. 3ª p.m./f.p.	קבץ	Reunir	
לֻמַּדְתֶּןוּ	*waw* conv. + *pual* compl. 2ª p.f.p.	למד	Estudar	
וּתִבְחַר	*waw* conv + *qal* incomp. 2ª p.m.s.	בחר	Provar, eleger	
וְנִפְתְּחוּ	*waw* conv. +*nifal* comp. 3ª p.p.	פתח	Abrir	
וּתְשֹׁקְקָה	*waw* conv. + *piel* incomp. 2ª p.m.s.	שׁוק	Presentear em abundância	

5.7.3 Outras modalidades e usos dos verbos em hebraico

Além dessas famílias principais dos verbos fortes e sua conjugação nos estados completos e incompletos, ainda existem os verbos chamados ***fracos***. Há também os aspectos verbais **coortativo** e **jussivo** (que expressam desejos ou encorajamento), o **infinitivo** (que tem a mesma função desempenhada em nosso idioma) e o **particípio** (que expressa ações plenamente concluídas e podem ser usados como adjetivos ou substantivos).

A seguir, daremos um pouco mais de informações sobre cada um deles. Mas não se preocupe muito: com as ferramentas que temos à disposição, para as análises gramaticais, elas nos dirão de qual tipo de verbo se trata. Confira a seguir.

Os verbos fracos

Os verbos fracos são assim denominados porque uma de suas consoantes, considerada *fraca*, pode sofrer alteração em uma de suas conjugações ou, principalmente, pede uma conjugação diferente do padrão com que estamos acostumados a trabalhar. Porém, não se preocupe com esses detalhes. O importante é lembrar a forma correta de se fazer a transposição para o português.

12. Atividade de aprendizagem

Traduza o versículo a seguir.

(Salmos, 22: 2)

עֲזַבְתָּנִי׃	לָמָה	אֵלִי	אֵלִי
verbo *qal* comp. 2ª p.m.s da raiz עזב + sufixo pron. 1ª p.s.c. – desamparar a mim	pron. inter.: *por que*	subs. masc. + suf. pron. 1ª p.m.	subst. masc. + suf. pron. 1ª p.m.

Coortativo

Às vezes, o coortativo é chamado de *imperativo da primeira pessoa*. Expressa determinação ou desejo (Kerr, 1980, p. 422). Normalmente, é traduzido como se fosse o subjuntivo ou com o uso de verbos auxiliares. Por exemplo: "Tão bom, se firmássemos uma aliança", ou "Quero firmar uma aliança".

Sua principal distinção é usar como sufixo o *hei*, acrescido do *qamets gadol* (ָה), (Gusso, 2005, p. 189). Todavia, nem sempre ele aparece.

13. Atividade de aprendizagem

Traduza o versículo a seguir.

(Salmos, 119: 17a)

דַרְכֶּךָ׃	וְאֶשְׁמְרָה	אֶחְיֶה	עַל־עַבְדְּךָ	גְּמֹל
Subs. masc. const.: caminho + suf. pron. 2ª p.s.m.	*waw* conj. + verbo *qal* comp. 1ª p.s.c. coort.	Verbo *piel* comp. 1ª p.s.c. coort.: reviver	Prep. + subs. masc. sing. const. + suf. pron. 1ª p.s.c.	Verbo imp.
o teu caminho	e tenho que guardar	quero (ou desejo) reviver de fato	sobre o teu servo	faças bem

Imperativo

O imperativo é semelhante ao uso em português, indicando uma ordem, uma determinação a ser cumprida. Porém, em hebraico, é usado apenas na segunda pessoa (singular e plural).

Além disso, somente é usado para ordens positivas. Quando se pretende uma ordem negativa, acrescenta-se o advérbio de negação (לֹא) antes do verbo, ou usa-se a forma do **jussivo** (Kerr, 1980, p. 426).

14. Atividades de aprendizagem

I. Traduza o trecho a seguir.

(Êxodo, 20: 16)			
שָׁקֶר׃	עֵד	בְרֵעֲךָ	לֹא־תַעֲנֶה
Subs. masc. sing. absol.	Subs. masc. sing. m. const.	Prep. + subs. masc. sing. const. + suf. pron. 2ª p. m.s.	Adv. neg. + verbo *qal* inc. 2ª p.s.m.
de mentira, de engano	testemunha	com teu próximo	não testificarás

II. Traduza o trecho a seguir.

(I Samuel, 8: 7a)					
הָעָם׃	בְּקוֹל	שְׁמַע	אֶל־שְׁמוּאֵל	יְהוָה	וַיֹּאמֶר
Art. + subs. abs. m.s.	Prep. + subs. const., m.s.: voz	Verbo *qal* imp., m.s.: atender, atentar	Prep. + nome próprio	Nome próprio	*waw* conv. + verbo *qal* inc. 3ª p.s.m.: dizer
Do povo	Na voz	Atentes	Para samuel	Yavéh	E disse

Infinitivo

Em geral, o uso do infinitivo em hebraico é o mesmo que em nossa língua. Porém, às vezes, pode ser que, na tradução para o português, seja mais bem traduzido como gerúndio (*observando*, *falando*) ou, ainda, como imperativo (Kerr, 1980, p. 428). O contexto nos ajudará na escolha da melhor forma de traduzi-los.

Outras vezes, o verbo aparece no infinitivo, antes ou depois da mesma raiz devidamente conjugada. Quando isso acontece, é para enfatizar a ação expressa na conjugação (Gusso, 2005, p. 191).

15. Atividades de aprendizagem

I. Traduza o versículo a seguir.

(Isaías, 14: 24a)

לֵאמֹר:	צְבָאוֹת	יְהוָה	נִשְׁבַּע
Prep. + verbo *qal* inf.:	Subs. fem. pl.	Nome próprio	Verbo *nifal* comp. 3ª p.s.m.: jurar
para dizer	dos exércitos	Yavéh	fez jurar

II. Observe a tradução a seguir.

(I Samuel 8: 7c)

עֲלֵיהֶם:	מִמְּלֹךְ	מָאֲסוּ	כִּי־אֹתִי	מָאָסוּ	אֹתְךָ	לֹא	כִּי
prep. constr. + suf. pron. 3ª p.m.p.	prep. + verbo inf.	verbo *qal* comp. 3ª p.m.p.: *rejeitar*	pron. dem. + part. obj. dir. + suf. pron. 1ª p.m.c.	verbo *qal* comp. 3ª p.m.p.: *rejeitar*	part. obj. dir. + suf. pron. 2. p.m.s.	adv. neg.	pron. dem.
sobre eles	de reinar	rejeitaram	certamente, a mim	rejeitaram	a ti	não	certamente

Certamente não rejeitaram a ti, mas rejeitaram a mim, de reinar sobre eles.

III. Procure melhorar a tradução proposta, depois olhe a resposta no final.

(Gênesis 2: 17b)					
תָּמוּת׃	מוֹת	מִמֶּנּוּ	אֲכָלְךָ	בְּיוֹם	כִּי
Verbo *qal* incomp. 2ª p.s.m.: morrer	Verbo *qal* inf.: morrer	Preposição + suf. pron. 1ª p.m.p. (usado como suf. pron. 3ª p.f.s.)	Verb. *qal* inf. const. + suf. pron. 2ª p.m.s.	Preposição + subs. masc. sing.	Pron. dem.: certamente
morrerás	morrer	dela	comer tu (comeres)	no dia	verdadeiramente

Jussivo

Na tradução, o verbo no aspecto jussivo é muito parecido com o coortativo, pois são características do estado imperfeito, conjugados na segunda e na terceira pessoas. Às vezes, vem acompanhado da partícula de súplica (נָא) (Kerr, 1980, p. 428).

Em geral, expressa uma vontade ou um desejo, mas também pode ser entendido como um imperativo (Gusso, 2005, p. 187). Porém, além dos analíticos que nos ajudam, e muito, o contexto também é um ótimo aliado para melhor entendermos como deverá ser traduzido.

16. Atividades de aprendizagem

I. Traduza o versículo a seguir.

(Gênesis, 18: 4a)			
רַגְלֵיכֶם׃	וְרַחֲצוּ	מְעַט־מַיִם	יֻקַּח־נָא
Subs. masc. dual. + suf. pron. 2ª p.m.p.	Verbo *qal* imp. pl.: *lavar*	Adj. + subs. masc. sing.: um pouco d'água	Verbo *qal* inc. 3ª p.m.s. jus. + part. de interj.: trazer
os vossos pés	e lavar	um pouco d'água	desejo trazer[26]

II. Traduza o versículo a seguir.

(Juízes, 11: 27b)									
עַמּוֹן׃	בְּנֵי	וּבֵין	יִשְׂרָאֵל	בְּנֵי	בֵּין	הַיּוֹם	הַשֹּׁפֵט	יְהוָה	יִשְׁפֹּט
Nome próprio	Subs. masc. pl. const.	*waw* + prep.	Nome próprio:	Subs. masc. pl. const.	Conj.	Art. + s.m.s.	Art. + s.m.s.	Nome próprio	Verbo *qal* 3ª p.m.s. jus.: julgar
Amon	os filhos de	e entre	Israel	os filhos de	entre	hoje	o juiz	Yavéh	julgue[27]

26 A tradução inicial seria: "Desejo trazer um pouco d'água então lavais os vossos pés". Porém, pelo fato de ter um imperativo, logo a seguir, a tradução que captaria melhor a ideia é como foi escrita anteriormente: "Mandarei trazer um pouco d'água, então lavais os vossos pés".

27 Ou ainda "que julgue", ou "tomara que julgue".

Particípio

O **particípio** é uma forma verbal que, além de ser usada como verbo, também pode ser entendida como um adjetivo ou um substantivo. Seu uso em hebraico é bem próximo do nosso, em português. As formas mais comuns do particípio são as terminações *-ado* e *-ido* ou *-ito* (em verbos irregulares) – por exemplo: *bebido, vendido, escrito, observado, cantado.*

Na tradução do hebraico, às vezes, ajuda quando acrescentamos a expressão "aquele que tem...". Outra possibilidade é transformar o verbo em sujeito. Por exemplo, se o verbo é *falar*, traduzimos como *falador*; se for *beber*, como *bebedor*, ou "aquele que bebe".

17. Atividades de aprendizagem

Traduza os versículos apresentados a seguir.

I.

			(I Samuel, 8: 1b)
לְיִשְׂרָאֵל׃	שֹׁפְטִים	אֶת־בָּנָיו	וַיָּשֶׂם
Prep. + nome próprio	Verbo *qal* part. pl. abs.	Part. ob. dir. + subs. masc. sing. const. + suf. pron. 3ª p.s.m.	*waw* conv. + verbo *qal.* inc. 3ª p.s.m. apocopado[28]: nomear
a ou para Israel	aqueles que julgam	os filhos dele	nomeou

28 Vem de *apócope*, sinônimo de *abreviado* (Kerr, 1980, p. 418). É utilizado para expressar que, normalmente, a palavra não seria escrita daquela forma, mas nesse contexto optamos por uma versão mais simplificada.

II.

				(Jeremias, 12: 14b)
אֶת־עַמִּי׃	הִנְחַלְתִּי	אֲשֶׁר	בַּנַּחֲלָה	הַנֹּגְעִים
Part. ob. dir. + subs. masc. sing. const. + suf. pron. 1ª p.m.s.	Verbo *nifal* 1ª p.s.c.:herdar, distribuir como propriedade	Pron. dem.	Prep.+ subs. fem. sing.: herança, propriedade	Art. + verbo *qal* part. pl.: tocar, mexer
o meu povo	fiz herdar	que	na herança	aqueles que tocam

III.

							(Gênesis, 4: 15b)
יֻקָּם׃	שִׁבְעָתַיִם	קַיִן	כָּל־הֹרֵג	לָכֵן	יְהוָה	לוֹ	וַיֹּאמֶר
Verbo *hofal* inc. 3ª p.s.m.	Num.	Nome próprio	Prep. + verbo *qal* part. masc. sing. const.: matar	Prep.	Nome próprio	Prep. + suf. pron. 3ª p.m.	*waw* conv. + *qal* inc. 3ª p.s.m.: dizer
ser vingado[29]	sete (vezes)	Caim	todo matador de	porém, portanto	Yavéh	para ele	e disse

---

---

29 Se fosse no *qal*, seria apenas *vingar*; no *nifal*, *vingar-se*; mas aqui, no *hofal*, é aquela ideia de que o sujeito estará sofrendo a ação do verbo, sem chance de se livrar.

IV.

(Eclesiastes, 5: 10a)

תְבוּאָה׃	לֹא	בֶּהָמוֹן	אֹהֵב	וּמִי	כֶּסֶף	לֹא־יִשְׂבַּע	כֶּסֶף	אֹהֵב
Subs. fem. sing. abs.	Adv. neg.	Prep. + art. + subst. masc. sing.	Verbo *qal* part. masc. sing.: amar	*waw* + pron. inter.	Sub. masc. sing.	Adv. neg. + verbo *qal* inc. 3ª p. s.: fartar-se, saciar-se	Subs. masc. sing.	Verbo *qal* part. masc. sing.: amar
rendimento, renda, ganho	não	cortejo, multidão, riqueza	ama	e quem	prata, riqueza		prata, riqueza	aquele que ama

Pois bem, chegamos ao final daquilo a que havíamos nos proposto. Num primeiro momento, os verbos assustam – e muito –, como em todo aprendizado de qualquer língua. Porém, se podemos deixar um último conselho, procure ter uma tradução em mente para cada família (ou, pelo menos, uma pequena tabelinha com as principais formas de traduzi-las). Quando se deparar com as declinações que os analíticos nos fornecem, será mais fácil a montagem em português.

Para aqueles que desejam continuar seus estudos nesta língua bíblica tão importante, sugirimos que usem a obra *O livro de Provérbios: analítico e interlinear*, de Antônio Renato Gusso (2012), para uso em momentos de prática individual do hebraico. Ela ajudará a ter fluência na leitura, pois destaca as partes que fazem a composição de uma palavra composta e também nos ajuda na absorção de vocabulário, tão fundamental num estudo de línguas estrangeiras. Todavia, nossa jornada rumo ao conhecimento do hebraico, para um melhor trabalho na tradução e estudo da Palavra de Deus, só está começando. Parabéns por ter chegado até aqui e sucesso em sua caminhada.

Atividades de autoavaliação

1. Assinale V para as afirmativas verdadeiras e F para as falsas.
   ( ) O hebraico é bem similar ao português, tendo suas conjugações verbais tanto no passado quanto no presente e no futuro.
   ( ) Há verbos, em hebraico, que podem ser conjugados nas sete famílias estudadas, enquanto outros não são conjugados em todas elas ou, ainda, sofrem alterações em seu significado, na hora da tradução.
   ( ) A ideia de usarmos um candelabro (*menorá*) foi para mostrar que, assim como na poesia, há hierarquia entre algumas partes do verbo hebraico. Dessa forma, uma família seria mais importante que a outra.
   ( ) A família *qal* é oposta da *nifal*, no que diz respeito à voz, mas estão, de certa forma, interligadas pelo tipo de ação que representam. Isso porque ambas demonstram que o sujeito faz ou sofre uma ação simples.
   ( ) Não há tanta importância em conhecer a diferença entre as famílias e suas formas variadas de traduzir seu significado. Afinal, o contexto sempre nos esclarece sobre qual é a melhor tradução para os dias de hoje.

   Agora, marque a alternativa que assinala a sequência correta:

   a) V, F, F, V, F.
   b) F, F, V, V, F.
   c) V, V, F, F, F.
   d) F, V, F, V, F.

2. Copie, analise e traduza o seguinte trecho bíblico. Você pode usar qualquer recurso como apoio (dicionários, léxicos, gramáticas, aplicativos em geral). Exceto versões bíblicas em qualquer outra língua, que não seja o hebraico.[30]

וַיֹּאמֶר מֹשֶׁה אֶל־הָֽאֱלֹהִים הִנֵּה אָנֹכִי בָא אֶל־בְּנֵי יִשְׂרָאֵל וְאָמַרְתִּי
לָהֶם אֱלֹהֵי אֲבוֹתֵיכֶם שְׁלָחַנִי אֲלֵיכֶם
וְאָמְרוּ־לִי מַה־שְּׁמוֹ מָה אֹמַר אֲלֵהֶם׃

3. Leia a seguinte parte do versículo listado a seguir e escolha qual seria a melhor tradução, justificando sua resposta. Só depois observe como foi traduzido na Bíblia que usamos como base em português, a versão *Almeida século 21* (Bíblia, 2014).

							(Isaías, 6: 9)
תֵּדָעוּ׃	וְאַל	רָאוֹ	וּרְאוּ	תָּבִינוּ	וְאַל	שָׁמוֹעַ	שִׁמְעוּ
qal inc. 2ª p.m.p. jus.: conhecer	*waw* + adv. neg.	*qal* inf.: ver	*qal* imp. masc. pl.: ver	*qal* inc. 2ª p.m.p. jus.: entender	*waw* + adv. neg.	*qal* inf.: ouvir	*qal* imp. masc. pl.: ouvir
quereis conhecer	mas não	ver	e vejam	quereis entender	mas não	ouvir	ouçam

30 Trata-se de um único versículo. Está disposto dessa forma porque aproveitamos o sinal do *atenáh* e dividimos o versículo em duas partes, já que não coube em uma única linha. Lembre-se dos sinais que nos ajudam a verificar onde é o meio do versículo e onde fica a divisão de cada uma de suas partes menores.

considerações finais

No decorrer deste livro, pudemos perceber que, em hebraico, como em toda língua, encontramos certas peculiaridades e dificuldades. Aqueles que têm certa predisposição para idiomas puderam perceber que o hebraico não é tão assustador quanto aparenta, num primeiro momento. Para outros, ele pode continuar sendo quase *indecifrável*. De qualquer forma, não obstante o grande propósito de buscarmos entender a Palavra de Deus com base nas línguas originais, o que nos ajuda – e muito – em certa compreensão do texto, isso não ocorre de forma simples e sem esforços.

Já temos ouvido por aí: "além da inspiração, é preciso muita transpiração". Porém, mesmo diante de tantos desafios, conhecer o hebraico nos ajuda a entender melhor o texto bíblico do Antigo Testamento e, principalmente, nos auxilia a verificar qual dos comentaristas é mais criterioso, em especial quando entram em desacordo com nossas opiniões.

Estamos cientes de que esta obra serviu apenas como aperitivo. Todavia, desejamos que quem a acompanhar não se limite a este texto e procure avançar. A igreja da atualidade precisa – e muito – de homens e mulheres sérios que se debrucem no estudo profundo e verdadeiro da Palavra de Deus.

Assim, para aqueles que quiserem dar seguimento aos seus estudos e aprimorar seus conhecimentos linguísticos, sugiro aprofundar suas pesquisas e investigações com a *Gramática instrumental do hebraico* (2005), escrita por Antonio Renato Gusso. Ela é bastante didática e trabalha mais profundamente as questões aqui apresentadas. Também sugerimos a obra *O livro de Provérbios: analítico e interlinear* (2012), do mesmo autor e publicado pela editora Sociedade Bíblica do Brasil. A grande vantagem desse livro é que vamos crescendo no conhecimento da língua hebraica conforme avançamos na leitura. Aquilo que é aprendido com este livro não deve virar apenas uma recordação do passado. Pelo contrário, é preciso continuar buscando se desenvolver cada vez mais para um melhor aprendizado e ensino da Palavra de Deus.

referências

BACHAR, S. L. **Língua e cultura hebraica**. Curitiba, 2004. Notas de aulas.

BACON, B. **Estudos na Bíblia hebraica**: exercícios de exegese. São Paulo: Vida Nova, 1991.

BÍBLIA. Português. **Bíblia Almeida século 21**: revista e corrigida. Tradução de José Ferreira Almeida. São Paulo: Vida Nova, 2014 Disponível em: <https://vidanova.com.br/editora/bibliaalmeida21>. Acesso em: 24 out. 2017.

BÍBLIA. Português. **Bíblia de estudo NVI**: nova versão internacional. São Paulo: Vida, 2000.

CHAMPLIN, R. N.; BENTES, J. M. **Enciclopédia de Bíblia, teologia e filosofia**. São Paulo: Candeia, 1995. v. 3.

ELLIGER, K.; RUDOLPH, W. (Ed.). **Bíblia hebraica stuttgartensia.** Stuttgart: German Bible Society; Glenside, PA: Westminster Seminary, 1996. Disponível em: <https://www.academic-bible.com/en/online-bibles/biblia-hebraica-stuttgartensia-bhs/read-the-bible-text>. Acesso em: 24 out. 2017.

FRANCISCO, E. de F. **Língua hebraica**: aspectos históricos e características. São Bernardo do Campo, abr. 2009. Disponível em: <http://www.vidanova.com.br/teologiabrasileira/LinguaHebraica_PeriodosHistricoseCaractersticas.pdf>. Acesso em: 24 out. 2017.

FRANCISCO, E. de F. **Manual da Bíblia hebraica**: introdução ao texto massorético – guia introdutório para a Bíblia hebraica stuttgartensia. 2. ed. São Paulo: Vida Nova, 2005.

GUSSO, A. R. **Gramática instrumental do hebraico**. São Paulo: Vida Nova, 2005.

GUSSO, A. R. **O livro de Provérbios**: analítico e interlinear. Barueri: Sociedade Bíblica do Brasil, 2012.

HOLLENBERG, J.; BUDDE, K. **Gramática elementar da língua hebraica**. 7. ed. São Leopoldo: Sinodal, 1991.

KERR, G. **Gramática elementar da língua hebraica**. 3. ed. Rio de Janeiro: Juerp, 1980.

KIRST, N. et al. **Dicionário hebraico-português e aramaico--português**. São Leopoldo: Sinodal, 1989.

MENDES, P. **Noções de hebraico bíblico**. São Paulo: Vida Nova, 1983.

MILLARD, A. R. O texto do Antigo Testamento. In: BRUCE, F. F. **Comentário Bíblico NVI**: Antigo e Novo Testamento. 2. ed. São Paulo: Vida Nova, 2012. p. 14-18.

MITCHEL, L. A. **Estudo do vocabulário do Antigo Testamento**. São Paulo: Vida Nova, 1996.

PLAMPIM, R. T. **Léxico hebraico e aramaico do Antigo Testamento**. Curitiba: Seminário Teológico Batista do Paraná, 1997.

respostas

Nesta seção constam todas as respostas das atividades de aprendizagem e de autoavaliação desta obra. Lembramos que você só deverá consultar estas respostas após tentar responder as questões, estudando e revendo-as em cada capítulo.

Capítulo 1

Atividades de aprendizagem

1. Todos os seis quadros, ao final do preenchimento, deverão ter estas mesmas informações:

'	א	*'álef*
b	בּ	*bête*
g	ג	*guímel*
d	ד	*dálet*
h	ה	*hei*

(continua)

(conclusão)

w	ו	*waw*
z	ז	*záin*
h	ח	*hête*
t	ט	*tetê*
y	י	*yúde*
k	כ	*káfe*

2. Todos os seis quadros, ao final do preenchimento, deverão ter estas mesmas informações:

l	ל	*lâmede*
m	מ	*mem*
n	נ	*nún*
s	ס	*sâmer*
ʻ	ע	*ʻáin*
p	פ	*pê*
ts	צ	*tsadê*
q	ק	*qufe*
r	ר	*rêsh*
sh	שׁ	*shin*
t	ת	*táu*

3. Cópia de palavras, sem vogais.

<table>
<tr><td rowspan="2">Palavra hebraica sem vogais</td><td colspan="4">Lembre-se de que a escrita e a leitura do hebraico são da direita para a esquerda. ⟸</td></tr>
<tr><td>וחשך</td><td>ובין</td><td>הארץ</td><td>המים</td></tr>
<tr><td>Copie aqui</td><td colspan="4">Você mesmo deverá observar se copiou corretamente.</td></tr>
<tr><td rowspan="2">Transliteração</td><td>whshkh</td><td>wvyn</td><td>h’rts</td><td>hmym</td></tr>
<tr><td colspan="4">Já a transliteração deve ser da esquerda para a direita ⟹</td></tr>
</table>

(continua)

(conclusão)

Palavra hebraica sem vogais	כּיטוב	מתּחת	ויהיכן	צבּאות
Copie aqui	Você mesmo deverá observar se copiou corretamente.			
Transliteração	kytwv	mtht	wyhykhn	tsb'wt
Palavra hebraica sem vogais	כיטוב	מעל	מרחפת	ועץ
Copie aqui	Você mesmo deverá observar se copiou corretamente.			
Transliteração	kytwv	ng'	knfym	'ts

4.

Palavra hebraica sem vogais	Lembre-se de que a escrita e a leitura do hebraico são da direita para a esquerda. ⟸			
	המים	אלהים	ברא	בראשית
Copie aqui	Você mesmo deverá observar se copiou corretamente.			
Transliteração	hmym	'lhym	vr'	br'shyt
	Já a transliteração deve ser da esquerda para a direita ⟹			
Palavra hebraica sem vogais	תהום	עלפני	היתה	הארץ
Copie aqui	Você mesmo deverá observar se copiou corretamente.			
Transliteração	thwm	'lfny	hyth	h'rts

Atividades de autoavaliação

1. b
2.

Em Port.	Nome da letra	Letra Heb.
'	*'álef*	א
b	*bête*	בּ
v	*vêt*	ב
g	*guímel*	ג
w	*waw*	ו

Em Port.	Nome da letra	Letra Heb.
m	*mem*	מ
m	*mem* final	ם
n	*nún*	נ
p	*pê*	פּ
f (ph)	*fê*	פ

Em Port.	Nome da letra	Letra Heb.
ts	*tsadê*	צ
k	*káfe*	כּ
kh	*káfe* final	ך
t	*táu*	ת
s	*sin*	שׂ

3.

כּ	י	ט	ח	ז	ו	ה	ד	ג	בּ	א
11	10	09	08	07	06	05	04	03	02	01
káfe	*yúde*	*tetê*	*hête*	*záin*	*waw*	*hei*	*dálet*	*guímel*	*beth*	*'álef*

ת	שׂ	ר	ק	צ	פּ	ע	ס	נ	מ	ל
22	21	20	21	19	18	17	16	15	14	13
táu	*shin*	*rêsh*	*qufe*	*tsadê*	*pê*	*'áin*	*sâmer*	*nún*	*mem*	*lâmede*

4.
   a) דנמרק – Dinamarca
   b) ארגנטינה – Argentina
   c) ונצואלה – Venezuela
   d) אינדונזיה – Indonésia
5. b) Brasil.

Capítulo 2

Atividades de aprendizagem

1.

בַּת	בָּרָא	אַב	עַתָּה	אַתָּה
bat	*bara'*	*'av*	*'atah*	*'atah*
Filha	Criou	Pai	Agora, já	Tu

עַל	חָכָם	דָּבָר	עַם	אֲדָמָה
'al	*hakham*	*davar*	*'am*	*'adamah*
Sobre, acima	Sábio	Palavra, dito	Povo	Terra

2.

מֶלֶךְ	אֲשֶׁר	אֶרֶץ	בְּרָכָה	לֵבָב
melekh	*'asher*	*'erets*	*berakhah*	*levav*
rei	que, qual...	terra	bênção	coração[1]

יֶלֶד	יֶפֶת	בְּנֵי	עֶבֶד	לָכֵן
yeled	*yefet*	*veney*	*'eved*	*lakhen*
Menino, Criança	Jafé	Filhos de	Servo	Portanto

1 A palavra hebraica para *coração* (לֵבָב) também pode aparecer de forma contraída לֵב, mas o significado é o mesmo.

3.

אִישׁ	הִנֵּה	יִשְׂרָאֵל	כִּי	רֵאשִׁית
'ysh	*hineh*	*Ysra'el*	*ky*	*re'shyt*
Homem	Eis que!	Israel, nome próprio	Certamente, porque...	Princípio

4.

קוֹל	צְבָאוֹת	מִצְרַיִם	אֱלֹהִים	עוֹלָם
kohl	*tzeva'oht*	*mitz'rahim*	*Elohim*	*'ovlam*
voz, som	exércitos	Egito ou terras de servidões	Deus, deus ou deuses	eternidade

כָל	כֹּל	כָּל	חֳלִי	חֹלִי
kohl	*kohl*	*kohl*	*kheli*	*kheli*
Todo, toda, todos, todas[2]			Doença[3]	

2 Estas três colunas tratam do mesmo advérbio. O significado é um só. O que muda é a forma da escrita em hebraico e a pronúncia (transliteração). Não há explicação sobre por qual motivo ora é de um jeito e ora doutro. Só sabemos que existem estas três formas para a mesma palavra.

3 Estas duas colunas tratam do mesmo substantivo. A pronúncia (transliteração) e o significado são um só. O que muda é a forma da escrita em hebraico. Existem estas duas formas para a mesma palavra.

5.

לֶחֶם	נְאֻם	אֹכֶל	שֻׁלְחָן	יְהוּדָה
lehem	*ne'um*	*'okhel*	*shulhan*	*Yehudah*
Pão	Declaração, sentença	Comida	Mesa	Judá

As palavras deste quadro não precisam ser decoradas, apenas transliteradas.

בְּחוּצוֹתֵינוּ	חוּקֹק	דָוִד	חוּשִׁים	יֻלְּדוּ
behutsoteynu	*huqoq*	*david*	*hushym*	*yuldu*
Em nossos campos	Hucoque	Davi	Husim	Eles foram gerados

6.

a)

הָאָרֶץ׃	וְאֵת	הַשָּׁמַיִם	אֵת	אֱלֹהִים	בָּרָא	בְּרֵאשִׁית
ha'arets	*we'et*	*hashamaym*	*'et*	*'elohym*	*bara'*	*bere'shyt*
a terra	e	os céus		Deus	criou	em princípio
7	6	5	4	3	2	1

Se for lido, do começo ao fim, é necessário respeitar a sequência das palavras, seguindo a numeração. Fica assim: "*Bere'shyt bara' 'elohym 'et hashamaym we'et ha'arets*".

b)

וְהָאָרֶץ הָיְתָה תֹהוּ וָבֹהוּ וְחֹשֶׁךְ עַל־פְּנֵי תְהוֹם׃

tehom	*'al-pney*	*wehoshekh*	*wavohu*	*tohu*	*haytah*	*weha'arets*
abismo	Sobre a face do	e trevas (estavam)	e vazia	Sem forma	era	e a terra (era)

c)

אֱלֹהִים מְרַחֶפֶת עַל־פְּנֵי הַמָּיִם׃

hamaym	*'al-peney*	*merahefet*	*'elohym*
Águas	sobre a face das	pairava	de Deus

Se o verso 2 for transliterado ou lido do começo ao fim, ficará assim: *Weha'arets haytah tohu wavohu wehoshekh 'al-peney tehom weruah 'elohym merahefet 'al-peney hamaym.*

d)

וַיֹּאמֶר אֱלֹהִים יְהִי אוֹר וַיְהִי אוֹר׃

'or	*wayhy*	*'or*	*yehy*	*'elohym*	*way'omer*
luz	e houve	luz	haja	Deus	e disse

Se for lido do começo ao fim, ficará assim: *Way'omer 'elohym yehy 'or wayhy 'or.*

e)

וַיַּרְא אֱלֹהִים אֶת הָאוֹר כִּי טוֹב׃

tov	*ky*	*ha'or*	*'et*	*'elohym*	*wayar'*
boa	era realmente	a luz		Deus	e viu

f)

הַחֹשֶׁךְ׃	וּבֵין	הָאוֹר	בֵּין	אֱלֹהִים	וַיַּבְדֵּל
hahoshekh	*uveyn*	*ha'or*	*beyn*	*'elohym*	*wayavdel*
as trevas	e entre	a luz	entre	Deus	e fez separação

Se o verso 4 for transliterado ou lido, do começo ao fim, ficará assim: *Wayar' 'elohym 'et ha'or ky tov wayavdel 'elohym beyn ha'or uveyn hahoshekh.*

7.

a) Mas, pela força do boi, há abundância de colheitas.

b) Um justo atenta para a vida do seu gado.

c) A boca do tolo é ruína iminente.

d) A casa dela descerá para a morte.

Atividades de autoavaliação

1. c

2.

מֶלֶךְ	אִישׁ	יְהוּדָה	דָּבָר	אֱלֹהִים
melekh	*'ysh*	*yehudah*	*davar*	*'elohym*
Rei	Homem	Judá	Palavra, dito	Deus, deus ou deuses

3.

עַל	חָכָם	דָּבָר	עַם	יְהוּדָה	לֵבָב	אֲדָמָה
1	2	3	4	5	6	7
'al	*hakham*	*davar*	*'am*	*Yehudah*	*levav*	*'adamah*
Sobre, em cima	Sábio	Palavra	Povo	Judá	Coração	Terra

בַּת	בָּרָא	אַב	עַתָּה	יֶלֶד	יֶפֶת	עֶבֶד
8	9	10	11	12	13	14
bat	*bara'*	*'av*	*'atah*	*yéled*	*yéfet*	*'éved*
Filha	Criar	Pai	Agora	Menino	Jafé	Servo

קוֹל	צְבָאוֹת	מִצְרַיִם	אֱלֹהִים	עוֹלָם	אֶרֶץ	בְּרָכָה
15	16	17	18	19	20	21
qol	*tseva'ot*	*mitsraym*	*'elohym*	*'olam*	*'érets*	*berakhah*
Voz, som	Exércitos	Egito	Deus, deuses	Eternidade, sempre	Terra	Bênção

אִישׁ	הִנֵּה	יִשְׂרָאֵל	כִּי	רֵאשִׁית	מֶלֶךְ	אֲשֶׁר
22	23	24	25	26	27	28
'ysh	*hineh*	*ysra'el*	*ky*	*re'shyt*	*mélekh*	*'asher*
Homem	Eis que!	Israel	Certamente, porque	Princípio	Rei	Que, qual

4.

יָצָרוּ	יָדָיו	וְיַבֶּשֶׁת	עָשָׂהוּ	וְהוּא	הַיָּם	לוֹ
o formou	pois a sua mão	e o continente	o fez	pois ele	o mar	dele são

A resposta deve levar em conta o sinal *'atnáh* no versículo, por isso a tradução para o português não pode ser "Dele são o mar e a terra, porque ele os criou, formando com suas mãos". A tradução mais correta deve ser: "Dele são: o mar, pois ele o fez; e o continente (que) a mão dele formou.

Capítulo 3

Atividades de aprendizagem

1.

I.

a) As palavras

b) Entre (preposição sem qualquer tipo de artigo)

c) O bom

d) O dia

e) Deus, um deus ou ainda uns deuses

f) O rei

g) Dia ou um dia

h) A terra, ou o barro (dependendo do contexto)

II.

Sem artigo	Com artigo	Sem artigo	Com artigo
שָׁמַיִם	הַשָּׁמַיִם	יוֹם	הַיּוֹם
shamaym	*hashamaym*	*yom*	*hayom*
(Uns) céus	Os céus	(Um) dia	O dia
אֶרֶץ	הָאָרֶץ	אִשָּׁה	הָאִשָּׁה
'erets	*ha'arets*[4]	*'ishah*	*ha'ishah*
(Uma) terra	A terra	(Uma) mulher	A mulher
אָדָם	הָאָדָם	אֱמֶת	הָאֱמֶת
'adam	*ha'adam*	*'emets*	*ha'emets*
(Um) homem (No sentido de humanidade)	O homem (A humanidade)	(Uma) verdade	A verdade

4 Se você respondeu *ha'erets*, pode considerar como correto. Não havia como você saber que a palavra *terra*, quando acrescida de um artigo, acaba sofrendo alteração em uma de suas vogais.

2.

a) *O Caim* (em português, poderá ser apenas *Caim*; porém, numa primeira tradução, é bom inserir o artigo antes do nome).

b) *A Eva* (em português, poderá ser apenas *Eva*; porém, numa primeira tradução, é bom inserir o artigo antes do nome).

c) *De um Moisés* (em português, poderá ser apenas *de Moisés*; porém, numa primeira tradução, é bom inserir o artigo indefinido antes do nome).

d) *O Harum* (em português, poderá ser apenas *Harum*, porém, numa primeira tradução, é bom inserir o artigo antes do nome). Ainda pode ser que se refira ao substantivo *rum* adicionado do artigo, e então traduziríamos por *a altura*.

e) *O Jabez* (em português, poderá ser apenas *Jabez*; porém, numa primeira tradução, é bom inserir o artigo antes do nome).

f) *De um Davi* (em português, poderá ser apenas *de Davi*; porém, numa primeira tradução, é bom inserir o artigo indefinido antes do nome).

g) *O Adão* (em português, poderá ser apenas *Adão*; porém, numa primeira tradução, é bom inserir o artigo antes do nome). Todavia, pode ser que se trate do substantivo *humanidade*, acrescido de um artigo. Então ficaria: *a humanidade*.

3.

a)

וַיַּרְא אֱלֹהִים אֶת־הָאוֹר כִּי־טוֹב וַיַּבְדֵּל אֱלֹהִים בֵּין הָאוֹר וּבֵין הַחֹשֶׁךְ׃

b)

וַיְהִי־עֶרֶב וַיְהִי־בֹקֶר הָיוֹם חֲמִישִׁי׃

c)

וַיְכֻלּוּ הַשָּׁמַיִם וְהָאָרֶץ וְכָל־צְבָאָם׃

4.

I. Sinalização de preposições em Isaías, 18: 2.

Em Bíblia (2014): "que envia embaixadores por mar em navios de junco sobre as águas, dizendo: Ide, mensageiros ágeis, a um povo de alta estatura e de pele macia, a um povo temido por todos os que estão perto ou longe, a uma nação forte e vitoriosa, cuja terra é dividida por rios!"

מַיִם	פְּנֵי	עַל	גֹמֶא	וּבִכְלֵי	צִירִים	בַּיָּם	הַשֹּׁלֵחַ
das águas	*as faces*	*sobre*	*de papiro*	*e embarcações*[5]	*mensageiros*	*pelo mar*	*(ele) envia*

אֶל־עָם	וּמוֹרָט	מְמֻשָּׁךְ	אֶל־גּוֹי	קַלִּים	מַלְאָכִים	לְכוּ
para um povo	*e polido (bronzeado)*	*alto*	*para um povo*	*rápidos*	*mensageiros*	*ide*

וָהָלְאָה	מִן־הוּא	נוֹרָא
e em diante	*desde ele*	*terrível*

אַרְצוֹ׃	נְהָרִים	בָּזְאוּ	אֲשֶׁר	וּמְבוּסָה	קַו־קָו	גּוֹי
a terra dele	*dos rios*	*(é) dividido pelas águas*	*que, qual, cujo*	*e de pisoteio*	*de chacota*[6]	*um povo*

II. Organização das palavras traduzidas de Isaías, 18: 2.

- **Parte a**: "Ele envia mensageiros pelo mar, assim como envia as embarcações de papiro sobre as águas".

5 Aqui, o *waw* conjuntivo, traduzido como *e*, também poderia ser utilizado como *com*.

6 Literalmente, *qav* é um cordão ou uma linha de medição, mas também é utilizado como chacota, em especial, para zombar do profeta, quando entrava em êxtase.

- **Parte b**: “Oh! Mensageiros rápidos, ide a um povo alto e de pele bronzeada, um povo terrível desde sua origem até agora”.
- **Parte c**: “Um povo de chacota e pisoteio, cuja terra é dividida pelos rios”.

5. Montagem das frases nominativas.

(Isaías, 6: 3)	צְבָאוֹת׃	יְהוָה	קָדוֹשׁ	קָדוֹשׁ	קָדוֹשׁ
	dos exércitos	Yavé	Santo	Santo	Santo
Santo, santo, santo é Javé (ou o senhor) dos exércitos.					

(Isaías, 6: 5)	טְמֵא׃	עַם	וּבְתוֹךְ	אָנֹכִי
	pecador	um povo	entre	eu
Eu estou em meio a um povo pecador.				

(frase criada)	הָאָרֶץ׃	בְּכָל	גָּדוֹל	אֱלֹהִים	יְהוָה	הוּא	כִּי
	a terra	em toda	grande	Deus	Yavéh	ele	porque
Porque ele é Yavéh. É um grande Deus em toda a terra.							

Atividades de autoavaliação

1. a
2.

הַבַּת עַם חָכָם בְּרָכָה אֱלֹהִים	הִנֵּה לֵבָב הַמֶּלֶךְ בִּיהוּדָה
a) A filha de um povo sábio é bênção de Deus.	*b) Eis que o coração do rei está em Judá.*

3. Porque, além de não estar escrita a expressão *maior que*, Israel e Judá estão unidos por um *waw* conjuntivo, indicando que ambos estão em pé de igualdade, participando da mesma ação: “estar na presença do Senhor Javé”.

4. O nome próprio Lemuel "empresta a sua definição" para a mulher e, como não há o artigo antes da palavra rainha, a tradução só pode ser: "a mulher de Lemuel é uma rainha boa".

Capítulo 4

Atividades de aprendizagem

1.

Palavra	Feminino plural	Feminino singular	Masculino plural	Masculino singular
Boi/vaca	פָּרוֹת	פָּרָה	פָּרִים	פָּר
	Vacas	Vaca	Bois	Boi
Menino/menina	יְלָדוֹת	יְלָדָה	יְלָדִים	יֶלֶד
	Meninas	Menina	Meninos	Menino
Príncipe/ princesa	שָׂרוֹת	שָׂרָה	שָׂרִים	שָׂר
	Princesas	Princesa	Príncipes	Príncipe
Homem/mulher	אִישׁוֹת	אִשָּׁה	אִישִׁים	אִישׁ
	Mulheres	Mulher	Homens	Homem
Cavalo/égua	סוּסוֹת	סוּסָה	סוּסִים	סוּס
	Éguas	Égua	Cavalos	Cavalo
Jovem	נַעֲרוֹת	נַעֲרָה	נְעָרִים	נַעַר
	(Umas) jovens	(Uma) jovem	(Uns) jovens	(Um) jovem
Lei	תּוֹרוֹת	תּוֹרָה	Não há correspondente no masculino.	
	leis	lei		
Porta	דְּלָתוֹת	דֶּלֶת	Não há correspondente no masculino.	
	Portas	Porta		
Caminho	Não há correspondente no feminino.		דְּרָכִים	דֶּרֶךְ
			Caminhos	Caminho

2.

Substantivo e adjetivos femininos		
וְהַגְּדֹלָה:	הַטוֹבָה	הַאִישָׁה
E a grande	A boa	A mulher

A mulher boa e grande
A boa e grande mulher

וְהַגְּדלוֹת:	הַטוֹבוֹת	הַאִישׁוֹת
E as grandes	As boas	As mulheres

As mulheres boas e grandes
As boas e grandes mulheres

Substantivo e adjetivos masculinos		
וְהַגָּדוֹל:	הַטוֹב	הַאִישׁ
E o grande	O bom	O homem

O homem bom e grande
O bom e grande homem

וְהַגְּדלִים:	הַטוֹבִים	הַאִישִׁים
E os grandes	Os bons	Os homens

Os homens bons e grandes
Os bons e grandes homens

3.

יְרוּשָׁלַם:	הַאִישׁוֹת	בָּמוֹת
Jerusalém	As mulheres	Altas

As mulheres de Jerusalém são altas.

הַיֶּלֶד:	חָכָם
O menino	Sábio

O menino é sábio.

וְהַגְּדלִים:	הַטוֹבִים	הַשָּׂרִים
E os grandes	Os bons	Os príncipes

Os príncipes bons e grandes.

מְנוּחָה:	שָׂרָה
Felizarda	Princesa

(Uma) princesa felizarda.

4.

צִיּוֹן:	גָּדוֹל	רַב	הַר
Nome próprio: Sião	Adjetivo: grande	Advérbio: muito, numeroso	Substantivo masculino singular: montanha, monte

(Um) monte muito grande é Sião.

Sião é um monte grandíssimo.

קָטָן:	עִיר	לֶחֶם	בֵית
Adjetivo masculino singular: pequeno	Substantivo masculino singular abs.: cidade	Subs. masc. sing. abs.: pão	Subs. masc. sing. const.: casa de
		Estes dois substantivos, quando juntos, também podem ser um nome próprio: Belém.	
Belém é uma cidade pequena.			

5.

הוּא:	אֲשֶׁר	גָּדוֹל	בֵּיתִי
Pron. pes. 3ª p.s.m.: ele ou pron. dem. masc.: aquele	Pron. dem.: que, qual, o que, o qual, os quais, a qual as quais	Adj. masc. sing.: grande, numeroso, maior	Sub. fem. sin. const.: casa + suf. pron. 1ª p.s.: meu, minha
A minha casa (é) maior que aquela.			

מַלְכּוּ:	אֱלֹהִים	אַתָּה
Subs. masc. sing. const.: *rei* + suf pron 1ª p.p.: nosso ou nossa	Subs. masc. pl.: Deus ou deuses	Pron. pes. 2ª p.s.m.: tu
Tu és Deus, o nosso rei.		

(Salmos, 95: 3)

אֱלֹהִים:	כָּל	עַל	גָּדוֹל	וּמֶלֶךְ	יְהוָה	גָּדוֹל	אֵל	כִּי
Subs. masc. plural: deuses.	Adv.: todo, toda, todos, todas.	Preposição: sobre, acima.	Adj. masc. sing.: grande, maior.	*Waw* conj.: e, mas + subs. masc. sing.: rei.	Nome próprio: *Yavéh.*	Adj. masc. sing.: grande, maior.	Subs. masc. sing: Deus.	Adv.: certamente, verdadeiramente, porque.
Porque Yavéh (é) um Deus grande, e um grande rei sobre todos os deuses.								

(Gênesis, 4: 9)

אָחִיךָ׃	הֶבֶל	אֵי	קָיִן	אֶל	יְהוָה	וַיֹּאמֶר
Subs. masc. sing. const.: irmão + suf. pron. 2ª p.s.m.	Nome próprio	Pron. inter.: onde?	Nome próprio: Caim	Preposição: a, para, em direção a	Nome próprio: Yavéh	Verbo: e disse

E Yavéh disse para Caim: onde (está) o teu irmão?

Atividades de autoavaliação

1. a
2.

Adjetivo Feminino plural	**Adjetivo Feminino singular**	**Adjetivo Masculino plural**	**Adjetivo Masculino singular**
טוֹבוֹת	טוֹבָה	טוֹבִים	טוֹב
Boas	Boa	Bons	Bom

גְּדֹלוֹת	גְּדֹלָה	גְּדֹלִים	גָּדוֹל
(Umas) grandes	(Uma) grande	(Uns) grandes	(Um) grande

קְטַנּוֹת	קְטַנָּה	קְטַנִּים	קָטָן
Pequenas	Pequena	Pequenos	Pequeno

חֲכָמוֹת	חֲכָמָה	חֲכָמִים	חָכָם
Sábias	Sábia	Sábios	Sábio

אִוֶּלֶתוֹת	אִוֶּלֶת	אֱוִלִים	אֱוִיל
Tolas	Tola	Tolos	Tolo

3. As terminações do hebraico não são as mesmas que em português; ou seja, enquanto nosso masculino termina em *o* e o feminino em *a*, as palavras masculinas em hebraico não têm uma terminação específica. A palavra masculina traduzida como *bom*, em hebraico, é *tov*.

4.

:לוֹ	הָהָרִים	וְתוֹעֲפוֹת	הָאָרֶץ	מֶחְקְרֵי	בְּיָדוֹ
Preposição: a, para, de + suf pron 3ª p.s.m.: ele	Artigo: — + Sub. masc. pl. abs.: montes	*waw* conj: e, mas, então + subs. fem. pl. const.: alturas de	Artigo + Subs. mas. sing. abs.: a terra	Subs. mas. pl. const.: as profundezas da	Preposição: em, por, com + subs. masc. sing. const.: mão + suf. pron. 3ª p.s.m.: ele
dele	e as[7] alturas dos montes		as[8] profundezas da terra		na[9] mão dele
Na mão dele (estão) as profundezas da terra; e as alturas dos montes (são) dele.					

7 Lembre-se de que *alturas* está como construto da próxima palavra (*monte*), que possui um artigo, que empresta o seu artigo para ela, ficando *os montes*.

8 Este artigo vem emprestado do artigo antes da palavra *terra*, que é o absoluto neste momento. É sempre o absoluto que define o construto. Se ele for definido, o construto será definido. Se o absoluto for indefinido, seu construto também o será.

9 Este artigo vem emprestado do sufixo pronominal, o qual, como todo pronome ou nome próprio, está definido.

Capítulo 5

Atividades de aprendizagem

1.

I.

Pretérito perfeito do indicativo		
Voz ativa	**Voz reflexiva**	**Voz passiva**
Eu matei Tu mataste Ele/ela matou Nós matamos Vós matastes Eles/elas mataram	Eu me matei Tu te mataste Ele/ela se matou Nós nos matamos Vós vos matastes Eles/elas se mataram	Eu fui morto Tu foste morto Ele foi morto/ela foi morta Nos fomos mortos Vós fostes mortos Eles foram mortos/ Elas foram mortas

II.

Pretérito imperfeito do indicativo		
Voz ativa	**Voz reflexiva**	**Voz passiva**
Eu governava Tu governavas Ele/ela governava Nós governávamos Vós governáveis Eles/elas governavam	Eu me governava Tu te governavas Ele/ela se governava Nós nos governávamos Vós vos governáveis Eles/elas se governavam	Eu era governado(a) Tu eras governado(a) Ele era governado(a) Nós éramos governados(as) Vós éreis governados(as) Eles/elas eram governados(as)

III.

Futuro do indicativo		
Voz ativa	**Voz reflexiva**	**Voz passiva**
Eu visitarei Tu visitarás Ele/ela visitará Nós visitaremos Vós visitareis Eles/elas visitarão	Eu me visitarei* Tu te visitarás* Ele(a) se visitará* Nós nos visitaremos Vós vos visitareis Eles/elas se visitarão	Eu serei visitado(a) Tu serás visitado(a) Ele(a) será visitado(a) Nós seremos visitados Vós sereis visitados Eles serão visitados/ elas serão visitadas

* As frases de realização impossível na língua, em linguística, são marcadas com asterisco. Elas decorrem da impossibilidade de realização da ação de alguém "se visitar".

2.

I.

Conjugação em hebraico	Pessoa	Gênero	Número	Raiz		Conjugação em português
	1ª,2ª,3ª	m., f. ou c.	s. ou p.	Hebraico	Português	
לָמַדְתְּ	2ª	f.	s.	למד	Estudar	Tu (mulher) estudaste *ou* Tu (mulher) estudavas
לָמַדְנוּ	1ª	c.	p.	למד	Estudar	Nós estudamos *ou* Nós estudávamos
לָמַד	3ª	m.	s.	למד	Estudar	Eles estudaram *ou* Eles estudavam

(continua)

(conclusão)

Conjugação em hebraico	Pessoa	Gênero	Número	Raiz		Conjugação em português
	1ª,2ª,3ª	m., f. ou c.	s. ou p.	Hebraico	Português	
לָמַדְתִּי	1	c.	s.	למד	Estudar	Eu estudei *ou* Eu estudava
לָמְדוּ	3ª	m., f.	p.	למד	Estudar	Eles/elas estudaram *ou* Eles/elas estudavam
לְמַדְתֶּם	2ª	m.	p.	למד	Estudar	Vós (homens) estudastes *ou* Vós (homens) estudáveis
לָמְדָה	3ª	f.	s.	למד	Estudar	Ela estudou *ou* Ela estudava
לָמַדְתָּ	2ª	m.	s.	למד	Estudar	Tu (homem) estudaste *ou* Tu (homem) estudavas
לְמַדְתֶּן	2ª	f.	p.	למד	Estudar	Vós (mulheres) estudastes *ou* Vós (mulheres) estudáveis

II.

Conjugação em hebraico	Pessoa	Gênero	Número	Raiz		Conjugação em português
	1ª,2ª,3ª	m., f. ou c.	s. ou p.	Hebraico	Português	
פְּקַדְתֶּם	2ª	m.	p.	פקד	Verificar[10]	Vós (homens) verificastes
מָנַעְתִּי	1ª	c.	s.	מנע	Reter	Eu retive
הָלַךְ	3ª	m.	s.	הלך	Andar	Ele andou
שָׁפוּ	2ª	m., f.	p.	שוף	Esmagar	Eles/elas esmagaram
שָׁמַעְנוּ	1ª	c.	p.	שמע	Ouvir	Nós ouvimos

III.

(Deuteronômio, 6: 18b)		
הַטֹּבָה	אֶת הָאָרֶץ	יָרַשְׁתָּ
Art. + adj. fem. sing. boa	Part de obj. dir. + art. + subs. f.s.[11]: da terra	Verbo ירשׁ *qal* comp. 2ª p.m.s.: *tomar posse.*

Tu (homem) tomaste posse da terra boa.

Você tomou posse de uma terra boa.

(Números, 20: 2a)		
לָעֵדָה:	מַיִם	וְלֹא הָיָה
Preposição + artigo + subs. fem. sing.: congregação	*s.m.p.*	*waw* conj. + adv. neg. + verbo הָיָה no *qal* comp.

E não tinha água para a congregação.

10 A língua hebraica é muito rica em significados. Assim, cada palavra pode ter uma variedade bem grande de possibilidade na tradução. Aqui usamos apenas uma correspondente, para facilitar nossa dinâmica. Mas, quando estiver traduzindo um texto bíblico, você deverá ir ao dicionário e anotar todas as possibilidades, para ampliar o seu entendimento naquele texto.

11 Parece estranho, mas é isto mesmo: *terra*, em hebraico, é uma exceção. *Terra* tem terminação de palavra masculina, mas é feminina.

(I Samuel, 8: 7b)					
מָאָסוּ׃	כִּי אֹתִי	מָאָסוּ	אֹתְךָ	לֹא	כִּי
Verbo *sam* 3ª p.p.m./f.: rejeitar	Part. dem. + part. de obj. dir. + suf. pron. 1ª p.s.c.: a mim	Verbo *sam* 3ª p. p. m./f.: rejeitar	Part. de obj. dir. + suf. pron. 2ª p.s.m.: a ti	Adv. de neg.: não	Part dem.: porque, certamente
Porque não a ti rejeitaram, certamente a mim rejeitaram.					
Porque não rejeitaram a ti, certamente rejeitaram a mim.					

3.

I.

Conjugação em hebraico	**Pessoa**	**Gênero**	**Número**	**Raiz**		**Conjugação em português**
	1ª, 2ª, 3ª	**m., f. ou c.**	**s. ou p.**	**Hebraico**	**Português**	
נִלְמַדְנוּ[12]	1ª	c.	p.	למד	Estudar	Nós fomos estudados (Por alguém ou por nós mesmos)
נִלְמַדְתְּ	2ª	f.	s.	למד	Estudar	Tu mulher foste estudada
נִלְמַד	3ª	m.	s.	למד	Estudar	Ele foi estudado
נִלְמַדְתִּי	1ª	c.	s.	למד	Estudar	Eu fui estudado
נִלְמְדוּ	3ª	m., f.	p.	למד	Estudar	Nós fomos estudados

(continua)

12 Lembre-se de que as terminações são exatamente as mesmas usadas pela família do *qal*. A única diferença entre o *qal* e o *nifal*, na escrita hebraica, é o acréscimo do *ni*, no início da palavra.

(conclusão)

Conjugação em hebraico	Pessoa	Gênero	Número	Raiz		Conjugação em português
	1ª, 2ª, 3ª	m., f. ou c.	s. ou p.	Hebraico	Português	
נִלְמָדְתֶם	2ª	m.	p.	למד	Estudar	Vós homem fostes estudadas
נִלְמְדָה	3ª	f.	s.	למד	Estudar	Elas foram estudadas
נִלְמָדְתָ	2ª	m.	s.	למד	Estudar	Tu homem foste estudado
נִלְמָדְתֶּן	2ª	f.	p.	למד	Estudar	Vós mulher fostes estudadas

III.

הַטֹּבָה:	אֶת הָאָרֶץ	נִירְשְׁנוּ
Artigo + adj. fem. sing.: boa	Part. de obj. dir. + art. + subs. fem. sing.: da terra	Verbo *nifal* comp., 1ª p.c.p.: ser privado de tomar posse.

Nós fomos privados de tomar posse da boa terra.

אַהֲרֹן:	וְעַל	מֹשֶׁה	עַל	נִקְהֲלוּ
Nome próprio	*waw* conj + preposição	Nome próprio	Prep.: sobre	Verbo *nifal* comp., 3ª p.m./f.p.: ser privado de tomar posse.

Foram reunidos sobre Moisés e sobre Arão.

Se reuniram contra Moisés e contra Arão.

IV.

(Ezequiel, 1: 1)

אֱלֹהִים׃	מַרְאוֹת	וָאֶרְאֶה	הַשָּׁמַיִם	נִפְתְּחוּ	עַל־נְהַר־כְּבָר	בְתוֹךְ־הַגּוֹלָה	וַאֲנִי
Subs. abs. masc. pl.: deuses, deus	Subs. const. fem. pl.: aparições de, visões de, espelhos de.	Conjugação ainda não vista: e então vi	Art. (os) + subs. masc. pl.: céus	Verbo *nifal* comp. 3ª p.p.: abrir	Preposição sobre + subs. masc. sing. rio + nome próprio *Qevar*	Preposição em meio a, entre + subs. fem. sing.: exílio, povo exilado	*waw* conj. + pron. pes. 1ª p.m.s.

Eu estava entre o povo exilado, sobre o rio Qevar. Foram abertos os céus e então vi as visões de Deus.

Eu estava entre os exilados de meu povo, perto do rio Qevar. Os céus foram abertos e então vi as visões de Deus.

4.

I.

(Isaías, 28: 16a)

אָבֶן׃	בְּצִיּוֹן	יִסַּד	הִנְנִי	יְהוִֹה	אֲדֹנָי	אָמַר	כֹּה	לָכֵן
Subs. masc. sing.: rocha, pedra	Prep. + nome próprio: em Sião	Verbo *qal* comp. 1ª p.c.s.: fundar	Conj. + suf. pron. 1ª p.c.s.: eis que eu	Nome próprio: Yavéh	Subs. masc. sing.: o senhor	Verbo *qal* comp. 3ª p.m.s.: dizer	Adv.: assim, agora	Prep. + adv.: portanto

Portanto, assim disse o Senhor Yavéh: Eis que eu edifiquei (mesmo) em Sião uma rocha.

(Gênesis, 6: 22)

עָשָׂה׃	כֵּן	אֱלֹהִים	אֹתוֹ	צִוָּה	אֲשֶׁר	כְּכֹל	נֹחַ	וַיַּעַשׂ
Verbo *qal* comp. 3ª p.m.s.: fazer	Adv.: corretamente	Subs. masc. sing.	Part. de ob. dir. + suf. pron. 3ª p.m.s.: a ele	Verbo *qal* comp. 3ª p.m.s.: ordenar	Pron. dem.: que, qual, o que, quais	Prep. + adv.	Nome próprio Noé	Verbo *qal* comp. 3ª p.m.s.: fazer

Noé fez. Ele fez corretamente, conforme tudo o que Deus ordenou (mesmo) a ele.

				(Juízes, 9: 24a)
אֶת־אֶחָיו׃	לַהֲרֹג	אֶת־יָדָיו	חִזְּקוּ	אֲשֶׁר
Part. ob. dir. + subs. masc. pl. const.: *irmãos de* + suf. pron. 3ª p.m.p.: deles	Prep.: *a, para, de* + verbo *qal* inf.: matar	Part. ob. dir. + subs. masc. pl. const.: mãos de + suf. pron. 3ª p.m.p: deles	Verbo *piel* com 3ª p.m.p.: endurecer	Pron. dem.: os que
Os que endureceram (mesmo) suas mãos para matar os seus irmãos.				

II.

Conjugação em hebraico	Pessoa	Gênero	Número	Raiz		Conjugação em português
	1ª, 2ª, 3ª	m., f. ou c.	s. ou p.	Hebraico	Português	
לָמַדְתְּ	2ª	f.	s.	למד	Estudar	Tu (mulher) estudaste mesmo ou Tu (mulher) estudavas mesmo
לָמַדְנוּ	1ª	c.	p.	למד	Estudar	Nós estudamos mesmo
לָמַד	3ª	m.	s.	למד	Estudar	Ele estudou mesmo
לָמַדְתִּי	1ª	c.	s.	למד	Estudar	Eu estudei mesmo
לָמְדוּ	3ª	m., f.	p.	למד	Estudar	Eles/elas estudaram mesmo
לְמַדְתֶּם	2ª	m.	p.	למד	Estudar	Vós (homens) estudastes
לָמְדָה	3ª	f.	s.	למד	Estudar	Elas estudaram mesmo

(continua)

(conclusão)

Conjugação em hebraico	Pessoa	Gênero	Número	Raiz		Conjugação em português
	1ª, 2ª, 3ª	m., f. ou c.	s. ou p.	Hebraico	Português	
לָמַדְתָּ	2ª	m.	s.	למד	Estudar	Tu (homem) estudaste mesmo
לָמַדְתֶּן	2ª	f.	p.	למד	Estudar	Vós (mulher) estudastes mesmo

III.

Conjugação em hebraico	Pessoa	Gênero	Número	Raiz		Conjugação em português
	1ª, 2ª, 3ª	m., f. ou c.	s. ou p.	Hebraico	Português	
פִּקַּדְתֶּן	2ª	f.	p.	פקד	Verificar	Vós (mulheres) verificastes (mesmo)
מִנַּעְתָּ	2ª	m.	s.	מנע	Reter	Tu (homem) retiveste (mesmo)
הִלֵּךְ	3ª	m.	s.	הלך	Andar	Ele andou (mesmo)
שִׁוְּפוּ	2ª	m.,f.	p.	שוף	Esmagar	Eles/elas esmagaram (mesmo)
שִׁמַּעְנוּ	1ª	c.	p.	שמע	Ouvir	Nós ouvimos (mesmo)

5.

Conjugação em hebraico	Pessoa	Gênero	Número	Raiz		Conjugação em português
	1ª, 2ª, 3ª	m., f. ou c.	s. ou p.	Hebraico	Português	
לֻמָדְנוּ	1ª	c.	p.	למד	Estudar	Nós fomos estudados mesmo ou intensamente
לֻמָד	3ª	m.	s.	למד	Estudar	Eles foram estudados mesmo
לֻמָדְתְ	2ª	f.	s.	למד	Estudar	Tu mulher fostes estudada mesmo
לֻמָדְתִּי	1ª	c.	s.	למד	Estudar	Eu fui estudado mesmo
לֻמְדוּ	3ª	m., f.	p.	למד	Estudar	Eles/elas foram estudados/as mesmo
לֻמָדְתֶם	2ª	m.	p.	למד	Estudar	Vós homem fostes estudados mesmo
לֻמְדָה	3ª	f.	s.	למד	Estudar	Ela foi estudada mesmo
לֻמָדְתָ	2ª	m.	s.	למד	Estudar	Tu homem foste estudado mesmo
לֻמָדְתֶן	2ª	f.	p.	למד	Estudar	Vós mulher fostes estudadas mesmo

6.

					(Deuteronômio, 1: 1a)
אֶל־כָּל־יִשְׂרָאֵל׃	מֹשֶׁה	דִּבֶּר	אֲשֶׁר	הַדְּבָרִים	אֵלֶּה
Prep.: para + adv.: de fato + nome próprio: Israel	Nome próprio: Moisés	Verbo: falar	Pron. dem.: que, a qual, o qual, as quais	Art. + subs. masc. pl.: as palavras	Pron. dem. masc.pl.: estas

Estas são as palavras que Moisés escreveu de fato, para todo o Israel.

							(Gênesis, 46: 27a)
שְׁנָיִם׃	נֶפֶשׁ	בְמִצְרַיִם	לוֹ	יֻלַּד	אֲשֶׁר	יוֹסֵף	וּבְנֵי
Num.: dois	Subs. masc. sing.: vida, alma	Prep. + subs. ou nome de lugar	Prep. + suf. pron. 3ª p.m.p.	Verbo: gerar	Pron. dem.	Nome próprio	*waw* conj. + subs. masc. sing. const.

E os filhos de José que foram gerados para ele no Egito (ou na terra da servidão) são duas almas.

E os filhos de José, gerados no Egito, são dois.

					(Deuteronômio, 1: 3c)
אֲלֵהֶם׃	אתוֹ	יְהוָה	צִוָּה	אֲשֶׁר	כְּכֹל
Prep. + suf. pron. 3ª p.m.p.	Part. ob. dir. + suf. pron. 3ª p.m.s.	Nome próprio	Verbo: ordenar	Pron. dem.:	Prep. + adv.

Conforme tudo o que Yavéh ordenou mesmo a ele, para eles.

Conforme tudo o que Yavéh lhes havia ordenado por meio dele.

(Jeremias, 10: 20a)

וְאֵינָם׃	יְצָאֻנִי	בָּנַי	נִתָּקוּ	מֵיתָרַי	וְכָל	שֻׁדָּד	אָהֳלִי
waw conj. + verbo: não ter, não existir + suf. pron. 3ª p.m.p.	Foram arrancados de mim	Subs. masc. pl. + suf. pron. 1ª p.c.s.	Verbo *qal* comp. 3ª p.m.p.: quebrar, arrebentar	Subs. + suf. pron. 1ª p.c.p.: as minhas cordas	*waw* conj. + adv.	Verbo: destruir	Subs. + suf. pron. 1ª p.c.s.: a minha tenda

A minha tenda foi destruída mesmo, e todas as minhas cordas arrebentaram. Os meus filhos foram arrancados de mim e eles não existem (mais).

7.

I.

Conjugação em hebraico	Pessoa	Gênero	Número	Raiz		Conjugação em português
	1ª, 2ª, 3ª	m., f.ou c.	s. ou p.	Hebraico	Português	
הִלְמִיד	3	m.	s.	למד	Estudar	Ele fez estudar
הִלְמַדְתְּ	2	f.	s.	למד	Estudar	Tu (mulher) fizeste estudar
הִלְמַדְנוּ	1	c.	p.	למד	Estudar	Nós fizemos estudar
הִלְמַדְתִּי	1	c.	s.	למד	Estudar	Eu fiz estudar
הִלְמִידוּ	3	m., f.	p.	למד	Estudar	Eles/elas fizeram estudar
הִלְמַדְתֶּם	2	m.	p.	למד	Estudar	Vós (homens) fizestes estudar
הִלְמִידָה	3	f.	s.	למד	Estudar	Ela fez estudar
הִלְמַדְתָּ	2	m.	s.	למד	Estudar	Tu (homem) fizeste estudar
הִלְמַדְתֶּן	2	f.	p.	למד	Estudar	Vós (mulheres) fizestes estudar

II.

(Jeremias, 12: 14b)				
אֶת־יִשְׂרָאֵל׃	אֶת־עַמִּי	הִנְחַלְתִּי	אֲשֶׁר	בַּנַּחֲלָה
Part. de ob. dir. + nome próprio:	Part. de ob. dir. + subs. masc. sing. const. + suf. pron. 1ª p.c.s.	Verbo: dar	Pronome demonstrativo	Prep. + art. + subs. fem. sing.: herança
Na herança que fiz dar ao meu povo Israel.				

(Gênesis, 2: 5b)׃						
הָאָרֶץ	עַל	אֱלֹהִים	יְהוָה	הִמְטִיר	לֹא	כִּי
Prep.: + subs. masc. sing.:	Subs. masc. sing.	Sub. m.s.	Nome próprio	Verbo: chover	Adv. neg.	Part. dem.:
Porque o Deus Yavé não fez chover sobre a terra.						

8.

I.

Conjugação em hebraico	Pessoa	Gênero	Número	Raiz		Conjugação em português
	1ª, 2ª, 3ª	m., f. ou c.	s. ou p.	Hebraico	Português	
הָלְמַדְתֶּן	2ª	f.	p.	למד	Estudar	Vós (mulheres) fostes obrigadas a estudar
הָלְמַד	3ª	m.	s.	למד	Estudar	Ele foi obrigado a estudar
הָלְמַדְתְּ	2ª	f.	s.	למד	Estudar	Tu (mulher) foste obrigada a estudar
הָלְמַדְנוּ	1ª	c.	p.	למד	Estudar	Nós fomos obrigados a estudar
הָלְמַדְתִּי	1ª	c.	s.	למד	Estudar	Eu fui obrigado a estudar

(continua)

(conclusão)

Conjugação em hebraico	Pessoa	Gênero	Número	Raiz		Conjugação em português
	1ª, 2ª, 3ª	m., f. ou c.	s. ou p.	Hebraico	Português	
הָלְמְדוּ	3ª	m., f.	p.	למד	Estudar	Eles/elas foram obrigados/as a estudar
הָלְמַדְתֶּם	2ª	m.	p.	למד	Estudar	Vós (homem) fostes obrigados a estudar
הָלְמְדָה	3ª	f.	s.	למד	Estudar	Ela foi obrigada a estudar
הָלְמַדְתָּ	2ª	m.	s.	למד	Estudar	Tu (homem) foste obrigado a estudar

II.

(Jó, 7: 3a)

כֵּן הָנְחַלְתִּי לִי יַרְחֵי שָׁוְא וְלֵילוֹת עָמָל מִנּוּ לִי:

לִי:	מִנּוּ	עָמָל	וְלֵילוֹת	שָׁוְא	יַרְחֵי	לִי	הָנְחַלְתִּי	כֵּן
Prep. + suf. pron. 1ª p.c.s.	Verbo *piel* comp. 3ª p.f.p.: ofertar	Subs. masc. sing. abs.: labuta, canseira, aflição	*waw* conj. + subs. f. pl. const.: noites de	Subs. masc. sing. abs.: escassez	Subs. masc. pl. const.: meses de	Prep.+ suf. pron. 1ª p.c.s.	Verbo: receber	Adv.: assim

Assim, fui obrigado a receber para mim meses de escassez. E ofertaram mesmo para mim, noites de aflição.

(Isaías, 14: 19a)

וְאַתָּה הָשְׁלַכְתָּ מִקִּבְרְךָ:

מִקִּבְרְךָ:	הָשְׁלַכְתָּ	וְאַתָּה
Prep. + subs. masc. sing. + suf. pron. 2ª p.m.s.: da tua sepultura	Verbo: sair	*waw* conj + pron. pes. 2ª p.m.s.

E tu foste obrigado a sair da tua sepultura.

Numa versão melhorada: E tu foste arrancado da tua sepultura.

9.

(I Reis, 20: 22)

הִתְחַזָּק:	לֵךְ	לוֹ	וַיֹּאמֶר	יִשְׂרָאֵל	אֶל־מֶלֶךְ	הַנָּבִיא	וַיִּגַּשׁ
Verbo: fortalecer	Verbo imper.: vá	Prep. + suf. pron. 3ª p.m.s.	*waw* + verbo (em declinação especial): e disse	Nome próprio	Prep. + subs. const. m.s.	Art. + subs. masc. sing.	*waw* conj. + verbo: chegar

Então, chegou o profeta em direção ao rei de Israel e disse para ele: vá, se fortaleça mesmo.

Então o profeta chegou para o rei de Israel e disse: Vá! Se fortaleça.

10.

Declinação em hebraico	Descrição analítica do verbo	Raiz		Tradução para o português
נְרַנְּנָה	*piel* incompleto 1ª p.c.p.	רנן	Cantar mesmo com alegria	Nós cantaremos intensamente de alegria ou jubilaremos de tanta alegria
תַּעְשְׁרֶנָּה	*hifil* incompleto 3ª p.f.s.	עשר	Fazer	Ela obrigará a fazer
תְּקֻטַּלְנָה	*pual* incompleto 2ª p.f.p.	קטל	Matar	Tu, mulher, te matarás mesmo
נָרִיעָה	*hifil* incompleto 1ª p.m.s.	רוע	Fazer gritar de júbilo	Faremos gritar de júbilo
יִשְׁכֹּן	*qal* incompleto 3ª p.m.s.	שכן	Morar, habitar	Ele morará
יִתְרוֹעֲעוּ	*hitpael* incompleto 3ª p.m.p.	רוע	Gritar em triunfo	Eles gritarão do fundo do seu ser
תִּבְחַר	*qal* incompleto 2ª p.m.s.	בחר	Provar, eleger	Tu, homem, elegerás
תְּשֹׁקְקֶהָ	*piel* incompleto 2ª p.m.s.	שוק	Presentear em abundância	Tu, homem, presentearás com abundância

(continua)

(conclusão)

Declinação em hebraico	Descrição analítica do verbo	Raiz		Tradução para o português
יְבֹאוּן	*qal* incompleto 3ª p.m. e f.p.	בוא	Ir, entrar	Eles/elas entrarão

11.

Declinação em hebraico	Descrição analítica do verbo	Raiz		Tradução para o português
וּנְרַנְּנָה	*waw* conv. + *piel* incomp. 1ª p.c.p.	רנן	Cantar mesmo com alegria	(Nós) exultamos de alegria
הָלְמָדוּ	*waw* conv. + *hofal* compl.	למד	Estudar	(Ele) será obrigado a estudar
תְּקֻטַּלְנָהוּ	*waw* conv. + *pual* incomp. 2ª p.f.p.	קטל	Matar	(Tu mulher) te mataste mesmo.
וּנָרִיעָה	*waw* conv. + *hifil* incompl. 1ª p.m.s.	רוע	Fazer gritar de júbilo	(Nós) fizemos gritar de júbilo
הִתְקַבְּצוּ	*hitpael* compl. 3ª p.m./f.p.	קבצ	Reunir	(Eles) se reuniram de fato e por conta própria.
לֻמָּדְתֶּןוּ	*waw* conv. + *pual* compl. 2ª p.f.p.	למד	Estudar	(Vós, mulher) sereis estudadas mesmo
וּתבְחַר	*waw* conv. + *qal* incompl. 2ª p.m.s.	בחר	Provar, eleger	(Tu, homem) elegeste
וְנִפְתְּחוּ	*waw* conv. + *nifal* comp. 3ª p.p.	פתח	Visitar	(Eles/elas) serão abertos/as.
וּתְשֹׁקְקֶהָ	*waw* conv. + *piel* incompl. 2ª p.m.s.	שוק	Presentear em abundância	(Tu, homem) presenteaste com abundância.

12.

Deus meu, Deus meu, por que me desamparaste?

13.

Faças o bem ao teu servo, pois desejo reviver com intensidade e preciso guardar o teu caminho.

14.

I. Não testifcarás contra o teu próximo um testemunho falso.

II. E disse Deus para Samuel: dê ouvidos ao povo. (em outras palavras: Faça o que o povo pede).

15.

I. Javé dos Exércitos fez jurar dizendo...

II. Certamente não foi a você que rejeitaram. Mas o povo tem rejeitado o meu governo sobre eles.

III. Verdadeiramente, no dia que comeres dela, certamente morrerás. Ou, ainda: sem dúvida morrerás". Isso porque a ideia de um infinitivo ligado à mesma raiz de um verbo é reforçar ou enfatizar tal conceito.

16.

I. Mandarei trazer um pouco d'água, então lavais os vossos pés.

II. Que hoje, Yavéh, o juiz, julgue entre os filhos de Israel e entre os filhos de Amon.

17.

I. (Samuel) nomeou os filhos dele como juízes para Israel.

II. [...] aqueles que tocam na herança que fiz com que o meu povo herdasse [...]

III. Porém, Yavéh disse a ele: quem matar a Caim, sete vezes sofrerá da vingança.

IV. O que ama o dinheiro, não ficará saciado (com) dinheiro, e quem ama a riqueza, não (ficará saciado) (com) lucro. O texto, na Bíblia em hebraico, se refere ao versículo 9.

Atividades de autoavaliação

1. d
2. E disse Moisés para Elohym: Eis que sou aquele que vai aos filhos de Israel e direi a eles: O Deus de vossos pais me enviou para vós. E eles dirão para mim: “Qual é o nome d'Ele?”. O que dizer para eles?
3.

							(Isaías, 6: 9)
תֵּדָעוּ׃	וְאַל	רָאוֹ	וּרְאוּ	תָּבִינוּ	וְאַל	שָׁמוֹעַ	שִׁמְעוּ
qal inc. 2ª p.m.p. jus.: conhecer	*waw* + adv. neg.	*qal* inf.: ver	*qal* imp. masc. pl.: ver	*qal* inc. 2ª p.m.p. jus.: entender	*waw* + adv. neg.	*qal* inf.: ouvir	*qal* imp. masc. pl.: ouvir
quereis conhecer	mas não	ver	e vejam	quereis entender	mas não	ouvir	ouçam

Ouçam de fato, mas não ireis querer entender e vejam mesmo, mas não ireis querer conhecer. (A ideia básica é que não responderão negativamente por falta de suporte; muito pelo contrário, terão muito o que ouvir e ver, mas por desinteresse é que o povo não irá absorver a mensagem.)

sobre o autor

Reginaldo Pereira de Moraes é doutor (2017) e mestre (2012) em Teologia pelas Faculdades EST (São Leopoldo). Também é especialista em Liderança e Pastoreio (2005) e graduado em Teologia, com ênfase em Exegese (2002), pela então Faculdade Teológica Batista do Paraná (FTBP), hoje Fabapar – com validação (2006) pela Faculdade Evangélica do Paraná (Fepar). É pastor auxiliar da Igreja Batista Ágape, nas cidades de Curitiba, Colombo e Fazenda Rio Grande (PR), missionário da Convenção Batista Paranaense, professor universitário, palestrante e autor de materiais didáticos e lúdicos.

Impressão: